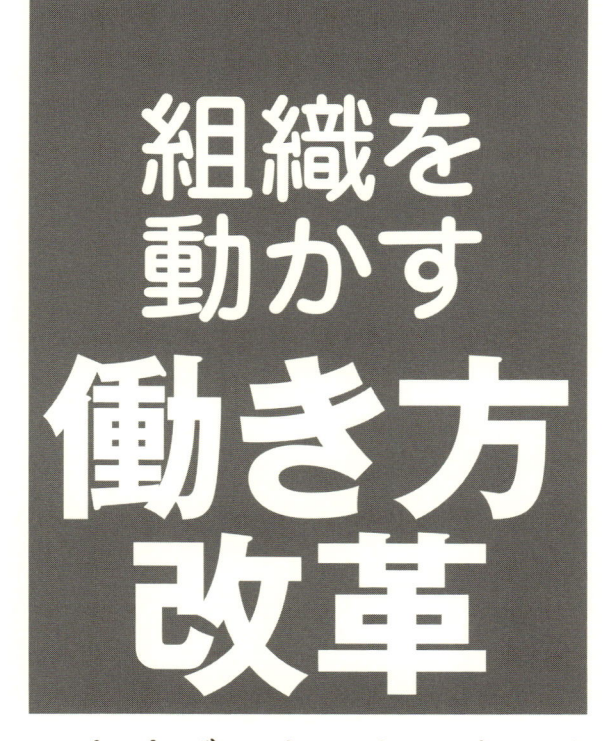

組織を動かす 働き方改革

いますぐスタートできる！
効果的な目的・施策・導入プロセス

立花則子 ＋ 本合暁詩 ＋
㈱リクルートマネジメントソリューションズ経営企画部

（編著）

中央経済社

はじめに

「今は仕事に集中し，成長をしておかないと将来が不安です。労働時間短縮などといわずにやりたいだけ仕事させて欲しいです。自分はまだ実力がついていないので，仕事に時間がかかりますが，仕方がないと思います。もし仮にそれで体調を崩したとしても自分の責任ですから，会社に迷惑をかけたりすることはありません」

　これは，働き方改革に着手する際，よく耳にする典型的な意見です。もし読者の皆さんが，働き方改革を推進する立場になったり，自分の部下からこのように言われたら，どうしますか？

　働き方については1人ひとりが独自の意見を持っているため，全員が納得するような絶対的な正解というものはありません。それでも進めていきたいと考えている企業や担当者の方々のために，本書はさまざまなノウハウを紹介しています。例えば上のケースについては，本書の第8章で，法律，安全衛生，そして会社として目指す働き方という3つの観点から，回答例を示しています。

　いま，かつてないほど働き方改革が注目を集めています。政府も，企業も，個人も，労働組合も，そして学生までも働き方改革について語っています。テレビでも新聞でも雑誌でもインターネットでも，働き方改革の記事やニュースを見ない日はありません。日本全体が一様に働き方改革に染まっているようです。

　これまでもダイバーシティ経営や，女性活躍，ワーク・ライフ・バランスなど，働き方の変化に関連するさまざまな言葉の流行はありましたが，長時間労働とそれに伴う労働災害が発生したことを契機に，働き方改革は一気に社会課

題化し，働き方改革は昨今どの企業にとっても最重要の経営課題となっているようです。

　しかしながら，働き方を変えたからといって短期的には企業の業績が上がるわけではないため，働き方改革への取り組みの優先順位はなかなか上がらないことも多いようです。また，具体的な成果が示されにくいことから，目的があいまいになりがちであり，思うように推進がされないケースもあります。さらに，働き方改革の意味する範囲は極めて広いため，何から手をつけたらいいのかと途方に暮れる企業・経営者も少なくないのではないでしょうか。

　そこで，本書は，重要だとわかっていてもなかなか推進することが難しい，今話題の働き方改革を，企業が成功させるためのノウハウとコツをまとめました。

🔲 人事制度の改革やITの導入よりも大切なこと

　本書は働き方改革の前提を整理する第1章に続き，3つのPart（部）を設けています。3つのPartに先立つ第1章では，今話題となっている働き方改革がなぜ注目を集め求められているのか，一方で働き方改革を推進することの難しさについて触れます。

　PartⅠ～Ⅲにおいては，

　○なぜ働き方改革を行うのか（PartⅠ）

　○働き方改革とはいったい何をすることなのか（PartⅡ）

　○働き方改革をどのように進めるべきなのか（PartⅢ）

　について，

　○なぜ（WHY）

　○何を（WHAT）

　○どのように（HOW）

　の順で解説します。

　PartⅠでは，働き方改革を行う目的を明確にする意義と重要性を述べ，また，働き方改革を推進する上で必要となる労働時間や従業員属性などの情報についてまとめています。

　PartⅡでは，働き方改革の重点テーマを設定し，「働き方の自由度向上」，「労働時間の短縮」，「知の交流の促進」といった各テーマに沿って具体的に何をすべきなのか，考えるべきなのかを説明していきます。

　PartⅢでは，働き方改革を進める上で発生する問題や阻害要因を整理し，それを踏まえて全社をどう巻き込んで推進していくべきなのかという望ましいプロセスについてまとめます。加えて，それらの取り組みを人事制度や規程にどのように反映させていくのかを考えます。

🔲 本書の構成

第1章　働き方改革ってなに

PartⅠ
なぜ働き方改革を行うのか
（WHY）

PartⅡ
働き方改革で何をするのか
（WHAT）

PartⅢ
働き方改革をどう進めるのか
（HOW）

第2章
働き方改革の目的をおく

第3章
前提の把握

第4章
テーマの決定

第5章
働き方の自由度向上

第6章
労働時間の短縮

第7章
知の交流の促進

第8章
働き方改革の壁の乗り越え方

第9章
働き方改革を成功させる
プロジェクト推進

第10章
人事制度への反映

　本書を通してお伝えしたいことは働き方を改革していくためには，**人事制度の抜本的な改革とか，画期的なITツールの導入とかではなく，実は身近な取り**

組みを地道に積み重ねていくことが一番大切だということです。しかしながら，これらを企業・組織レベルで推進することは決して簡単なことではありません。本書は働き方改革の取り組み内容だけではなく，その有効な導入・浸透プロセスやさまざまな工夫についても紹介していきます。

　私達は，事業会社リクルートマネジメントソリューションズ（以下RMS）において，実際に働き方改革を主導し，組織に働きかけ，変化を起こしてきました。本書では，私達の実際の経験を踏まえ，**成功例ばかりではなく失敗談も**ふんだんに交えて有効な働き方改革の進め方をお伝えしていきたいと思います。**本書を読めば働き方改革はできる**，そんな実効性のある内容を目指しました。

　一方で，実践書である本書では，心理学，経済学，社会学，統計学その他の学術的な理論にはあえて触れていません。私達は実務者であり，施策の理論的な意味づけは，それぞれの専門家によってなされるべきだと考えるからです。理論ではなく，やるべきことをガイドとして体系的・包括的に整理しているのが本書です。

　働き方改革はとても広い範囲にわたるため，関連する書籍は少なくありませんが，本書ほど詳細に，企業・組織における働き方改革の進め方について解説している本はないと思います。

☐ 働き方改革は難しいと感じている人にこそ読んで欲しい

　本書は，働き方改革を推進するための実務書です。そのため，特にホワイトカラーを対象とした働き方改革を，企業や組織において主導している人事，企画，管理担当部署の管理職およびスタッフの皆さんをメインの読者として想定しています。また，働き方改革の必要性を認識しつつもどこから手をつけたらいいのか迷っている企業経営者の皆さんには，本書が働き方改革に踏み出すきっかけと勇気を与えるものであることを期待しています。

　もちろん，働き方改革の支援を行っている経営コンサルタントの皆さんに対しては，企業の中でプロジェクトを推進する際に参考となる価値の高い情報を

提供できると思います。経営学，特に組織・人事関連・労務，労働法を学んでいる学生の皆さんにとっても，働き方改革を行う企業の実態をつかんでいただくために格好の参考書になるはずです。

　では，組織を動かす働き方改革について，一緒に考えていきましょう。

目　　次

第1章
働き方改革ってなに ——————————————17

Part I　なぜ働き方改革を行うのか

第2章

働き方改革の目的をおく————————39

Part Ⅱ　働き方改革で何をするのか

第5章

働き方の自由度向上 ———————————81

第6章

労働時間の短縮————————————107

Part Ⅲ　働き方改革をどう進めるのか

第1章

働き方改革ってなに

第1章　働き方改革ってなに

Part I なぜ働き方改革を行うのか （WHY）	Part II 働き方改革で何をするのか （WHAT）	Part III 働き方改革をどう進めるのか （HOW）
第2章 働き方改革の目的をおく 第3章 前提の把握	第4章 テーマの決定 第5章 働き方の自由度向上 第6章 労働時間の短縮 第7章 知の交流の促進	第8章 働き方改革の壁の乗り越え方 第9章 働き方改革を成功させる プロジェクト推進 第10章 人事制度への反映

- - - - - - - - - - - - - **Summary** - - - - - - - - - - - -

　働き方改革は，今や新聞や報道で目にしない日はないほどに話題となっています。働き方改革には多くの要素が内包されており，全貌がつかみにくい言葉でもあります。企業で働き方改革を実際に推進するにあたっては，全貌を理解し，自社にとっての意味を特定していくことが必要です。

　この章では，まず働き方改革の背景を整理し，企業が取り組むべきテーマおよびその施策例について述べます。また，実際に働き方改革を推進する上での障害や推進の難しさについても触れます。

1. 待ったなしの働き方改革

◻ 個人・企業ともに求める「変化」

　ここ最近「働き方改革」という言葉を耳にしない日はありません。電通における過労自殺事件，ヤマト運輸の荷物の総量抑制・サービスレベル変更，コンビニや飲食店の24時間営業の見直しといった，個社，業界による取り組みにとどまらず，プレミアム・フライデーなどの産業界全体を巻き込んだ施策も働き方改革とセットで語られています。このような事例はまさに枚挙に暇がなく，それだけ，働き方を変えたい（もしくは変えなくてはならない）という声が大きいということが表れています。

　「働き方改革」は「働く人」を主語にした場合，以前は少子化対策や，育児と仕事の両立のための長時間労働の見直しの意味合いが強く，どちらかといえば女性の活躍推進とセットで語られていました。しかし，最近では，深刻となってきた介護離職の防止や，ワーク・ライフ・バランスの充実の声が追加されてきたこともあり，女性のみを対象とした意味合いは薄まってきています。育児や介護，治療などで制約がある方の活用や，ワーク・ライフ・バランスの取り組み手段として，オフィスへ出勤せずとも働けるテレワーク制度やサテライトオフィスなどが取り上げられるようになっています。

　一方で「働かせ方」，つまり企業を主語にした場合は，ノー残業デー・夕刻のオフィス消灯などの残業時間削減策や，勤務時間の朝型へのシフトなどがあります。これらは労働時間の短縮が目的です。これに合わせて，労働時間に対して賃金を支払うのではなく，成果に対して賃金を支払いたいという企業側の思いが反映されたのがホワイトカラーエグゼンプション制度でした。しかし，国会で検討されていたこの法案は，残業代ゼロ法案と非難され，また同時期に明るみになった電通の過労自殺事件も影響して，今やすっかり議論が後退しています。

　過労死・過労自殺事件は連日多くのメディアでも取り上げられ，改めて企業としての対応が問われるきっかけとなりました。これにより，企業は長時間労働の抑制や，労働者の休養時間の確保と健康維持について取り組みをより促進させることとなり，有給休暇取得推進や，勤務間インターバル制度などの検討にも影響を与えています。

■ 政府の強い後押し

　政府も働き方改革を積極的に進めています。政府が2017年3月に発表した「働き方改革実行計画」では，実に9つのテーマで19もの対応策が列挙されており，改めてその対象と影響範囲の大きさを認識することができます（図表1-1）。

　働く側，働かせる側ともに，働き方を変えたいという声は大きく，またその声を受け，後押しする政府の取り組みも進んでいます。「働き方改革」は各方面からプレッシャーがかかり，待ったなしの状況になっています。そして，その背景はさまざまであり，またそのための取り組みも多種多様だといえます（図表1-2）。

2. 働き方を規定する法制度

■ 制約がかかる長時間労働

　働き方改革の1つのきっかけは労働時間の短縮ですが，労働時間そのものを直接規制する法律はそれほど多くありません。労働基準法では，労働時間を1日8時間以内，1週40時間以内と規定していますが，3 6協定を締結し労働基準監督署に届け出ていれば，月45時間，年360時間まで時間外労働は認められます。さらに特別条項を労働基準監督署に届け出ていれば，一定の制約はありますが，年6回まで特別条項で設けた届出時間まで時間外労働が可能です。

図表 1-1 2017年3月政府発表「働き方改革実行計画」検討テーマと対応策

	検討テーマ		対応策
1	非正規雇用の処遇改善	1	同一労働同一賃金の実効性を確保する法制度とガイドラインの整備
		2	非正規雇用労働者の正社員化などキャリアアップの推進
2	賃金引上げと労働生産性向上	3	企業への賃上げの働きかけや取引条件改善・生産性向上支援など賃上げしやすい環境の整備
3	長時間労働の是正	4	法改正による時間外労働の上限規制の導入
		5	勤務時間インターバル制度導入に向けた環境整備
4	柔軟な働き方がしやすい環境整備	6	健康で働きやすい職場環境の整備
		7	雇用型テレワークのガイドライン刷新と導入支援
		8	非雇用型テレワークのガイドライン刷新と働き手への支援
		9	副業・兼業の推進に向けたガイドライン策定やモデル就業規則改定などの環境整備
5	病気の治療，子育て・介護等と仕事の両立，障害者就労の推進	10	治療と仕事の両立に向けたトライアングル型支援などの推進
		11	子育て・介護と仕事の両立支援策の充実・活用促進
		12	障害者等の能力を活かした就労支援の推進
6	外国人材の受入れ	13	外国人材受入れの環境整備
7	女性・若者が活躍しやすい環境整備	14	女性のリカレント教育など個人の学び直しへの支援や職業訓練などの充実
		15	パートタイム女性が就業調整を意識しない環境整備や正社員女性の復職など多様な女性活躍の推進
8	雇用吸収力の高い産業への転職・再就職支援，人材育成，格差を固定化させない教育の充実	16	就職氷河期世代や若者の活躍に向けた支援・環境整備の推進
		17	中途採用の拡大に向けた指針策定・受入れ企業支援と職業能力・職場情報の見える化
		18	給付型奨学金の創設など誰にでもチャンスのある教育環境の整備
9	高齢者の就業促進	19	継続雇用延長・定年延長の支援と高齢者のマッチング支援

資料：働き方改革実現会議『働き方改革実行計画』（2017年3月）より抜粋

　一方で，労働者の健康に関して企業側の責任を問う法律は，**図表 1-3**に示すとおり，労働基準法，労働者災害補償保険法，労働安全衛生法と多くありま

図表 1-2　働き方改革へのプレッシャー

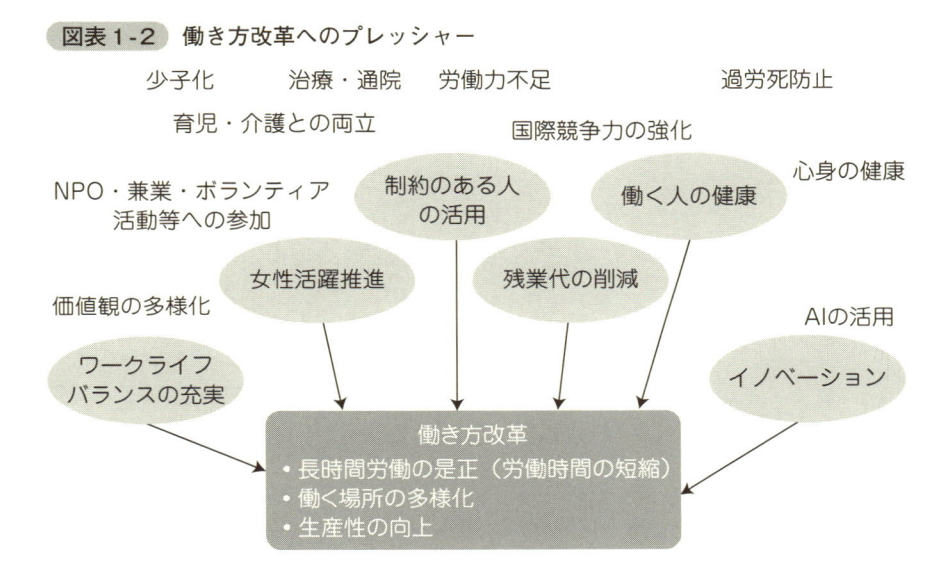

少子化　　　治療・通院　労働力不足　　　　　　　過労死防止

育児・介護との両立　　　　　　国際競争力の強化

NPO・兼業・ボランティア　　制約のある人　　働く人の健康　　心身の健康
活動等への参加　　　　　　　の活用

価値観の多様化　　女性活躍推進　　残業代の削減　　　　　　AIの活用

ワークライフ　　　　　　　　　　　　　　　　イノベーション
バランスの充実

働き方改革
• 長時間労働の是正（労働時間の短縮）
• 働く場所の多様化
• 生産性の向上

す。加えて，労働基準監督署による立ち入り基準などが定められており，労働時間の長さは，労働者の健康を守る際の指標として位置づけられています。これは，長時間労働によりケガや病気，メンタルヘルス不調を引き起こす可能性が高いためです。

防ぎたい健康損失

　企業として何よりも防がなくてはならないのは，長時間や過重労働が原因となる心身不調です。長時間労働と脳・心臓疾患や，精神障害（うつ病など）の発症との関連性は高いと考えられています。このため，労災認定の目安として時間外労働の基準が設けられており，1ヵ月に80時間以上の時間外労働は労災と認められやすくなっています。労働安全衛生法でも，脳・心臓疾患の発症を予防するため，時間外労働が月80時間を超える労働者から申し出があった場合に，医師（産業医）による面接指導を努力義務としています（月100時間超の場合は義務）。

図表1-3 労働時間を規定する法規，および関連規定

根拠法 / 具体事項	労働基準法		労働者災害補償保険法（労災認定基準）		労働安全衛生法	労働基準法・労働安全衛生法など	
月の法定時間外労働（時間）	36協定・特別条項	割増賃金率	脳血管疾患または心疾患	精神障害の労災認定基準	産業医面談の実施	労働局の立入り調査	企業名公表
160				発病直前の1ヵ月間におおむね160時間以上の時間外労働がある場合			
100	月45時間を超える時間外労働をさせる場合は特別条項の届出が必須 ※ただし認められるのは年6回まで	月60時間を超える場合，割増賃金率は50%以上	発病前1ヵ月に100時間または，直近2～6ヵ月間に平均で月80時間を超える場合	発病直前の2ヵ月連続して月おおむね120時間以上の時間外労働がある場合や，間におおむね160時間以上の時間外労働がある場合や，発病直前の3ヵ月連続して月おおむね100時間以上の時間外労働がある場合	月100時間を超える労働者から申し出があった場合は産業医面談の実施は義務		月80時間を超える，もしくは労災支給決定した事業所が2つ以上ある，是正指導をしても改善がみられない場合に企業名公表
80 / 60 / 45		時間外労働の割増賃金率は25%以上	他の要素と併せて考慮されるが，労災認定されない場合が多い	他の要素を併せて認定される場合がある 他の要素と併せて考慮されるが，労災認定されない場合が多い	月80時間を超える労働者から申し出があった場合は，努力義務 特になし	月80時間を超える事業所が立ち入り調査の対象 労災支給決定等がなければ特になし	労災支給決定等がなければ特になし
0	36協定を労働基準監督署に届け出ていれば，月45時間までは認められる						

　この動きに合わせて，労働基準監督署は月80時間を超えて時間外労働を行わせている企業に対して，重点的に立ち入り調査を行っています。立ち入り調査の際に，36協定の範囲を超える時間外労働などの違法状態が確認された場合は，企業名の公表や書類送検などが行われる場合もあります。

　また，長時間労働の抑制と，労働者の健康を確保する目的で，2010年の4月から月60時間を超える時間外労働に対する割増率が50%以上に引き上げられました。長時間労働の抑制については，複数の方面から企業側へ圧力がかかって

おり，これらが働き方改革の根底にあることは事実です。

3. 各社の取り組み

🔲 オフィス設備の拡充からイベントまで

　働き方改革は，環境変化に対応し競争優位を高めるための成長戦略としての位置づけられることも多く，各社においてもさまざまな目的のもと，さまざまな施策が行われています（**図表1-4**）。

　図表1-4では各社の取り組みのほんの一部しか取り上げていませんが，それでもこれらを見てみると，オフィス・ITインフラ・人事制度や組織体制といった容易には変更しがたいハード面から，情報提供やコミュニケーション設計といったソフト面までさまざまな取り組みがあることがわかります。各社ともに，法規制を順守しつつより手厚い施策や，その会社の事業特性や個性に応じた独自性の高い施策まで，さまざまな取り組みを推進しているようです。

　働き方改革の推進は人事などの部門が担うこともあれば，「働き方変革推進室」「ダイバーシティ担当」といった専門の部署を新しく設置する場合，経営トップからの特命プロジェクトで全社横断で人が集められて行う場合などがあります。いずれにしても，全社機能である人事，総務，法務・コンプライアンス，システム部門が連携して検討する必要があるテーマが多いため，その推進においては現場各部署での運用がスムーズにいくよう配慮されることが重要なようです。

図表 1-4 各社の取り組み

カテゴリー	施策
人事制度	■休暇・時間 育児・介護休業／休暇・時間外労働免除の法定以上の整備 　└期間の拡大，日数や取得回数の増加／男性が育児で利用できる有給休暇の設定 フレックス勤務 　└育児や介護などの対象者限定or全社員／コアタイム有り・コアタイム無しのフルフレックス ボランティア休暇，自己啓発休暇，ノー残業Dayの設置，週休3日制 ■報酬・金銭補助 残業時間削減目標，有休取得目標の達成度合いに応じた報酬支給，ボーナス増額 ベビーシッター代，延長保育料，病児保育料の一部補助，全額補助 出産時のお祝い金，一定年齢までの誕生日お祝い金やプレゼントの支給 社内のクラブ活動などへの支援金補助 ■採用（再雇用含む）・異動・配置 出産・育児，介護，配偶者の転勤などの理由によって退職した社員を，一定の条件下で再雇用 週3日勤務正社員，残業なし正社員，エリア社員など雇用形態の多様化 パートやアルバイトの契約社員化 兼業・副業の解禁，社内公募制度，社内留学制度，グループ会社間出向制度，自己申告制度：社員の意思による配置転換，新規事業提案制度 ■人材開発 集合研修，Eラーニングの実施 多様性理解，短時間勤務メンバーへのマネジメント方法に関する教育，育児・介護社員への対応 女性管理職や候補者へのスキル研修，意識付け研修／メンタリング
オフィス関連	テレワーク，在宅勤務，オフィス外での勤務 フリーアドレスによる固定席の廃止 マッサージ・リラックスルーム，レストラン・カフェ・バースペース，フリースペース，ライブラリ，託児所の設置 車椅子用トイレ，多目的トイレの設置
ITインフラ	スマートフォン，タブレットの活用，クラウド型サービスの導入，グループウェア・アプリケーション活用 Skype，Slack，Boxなどのツール利用
労働時間短縮施策	■組織体制 組織統合による業務の集約／合理化，多忙なプロジェクトへの人員投入 ■業務再編 派遣，業務請負，業務委託による業務アウトソーシング ■会議 回数の削減，所要時間の短縮，時間帯の設定 事前のアジェンダ設定，終了時の議事録作成の徹底 ■資料 資料の枚数制限，ペーパーレス化
各種サポート	専門相談窓口の設置（介護や育児に関する電話相談，妊娠相談，定年後のライフプラン設計相談，介護の手続代行，など） 育児復職者に対するキャリアアドバイザーによるキャリア支援
広報イベント	社内イントラネットでの広報，各種冊子の配布，ガイダンス，座談会の実施 テレワーク一斉利用の促進，子供を職場に招待するファミリーDayの実施
コミュニティづくり	出産育児をする女性，育児をする男性，介護者，女性管理職など，テーマによるコミュニティづくりやネットワーキング機会の提供

4. 働き方改革の全体像

◻ 社会的背景と企業への影響

さまざまな取り組みが進んでいる働き方改革ですが，ここでその全体像を整理してみましょう。

働き方改革は，日本の人口減少と労働人口の減少，企業の国際競争力の低下，そして価値観の変化などの社会環境の変化を背景としています。

人口の減少と労働人口の減少の企業への影響としては，質の高い労働力の確保や維持が難しくなってくることが考えられます。また，確保した労働力，すなわち従業員に対し仕事や育成機会を付与することにより人材価値を向上させる必要性が高まります。こうした**良質な労働力の確保・維持・価値向上は企業における人事業務の根幹を成すもの**ともいえます。

企業の国際競争力の低下に歯止めをかけるためには，**労働生産性の向上**や，新たな事業やサービスを生み出す**イノベーションを促進**することが不可欠です。また社会貢献への指向の高まりなど**就労観の変化**にも企業は対応していく必要があります。

これらの社会背景と企業への影響などを受けて，企業が取り組むべきテーマと施策例をまとめたのが**図表1-5**の働き方改革の全体図です。

◻ 相互に関係する取り組みテーマ

それぞれの「取り組みテーマ」は「企業への影響」に関連していますし，各「取り組みテーマ」も相互に関係しています。例えば，取り組みテーマの1つ「女性の活躍支援」を取り上げてみましょう。

「女性の活躍支援」はそれ自体がすでに「ダイバーシティ＆インクルージョン」ですが，これを推進するにあたっては，管理職への任用や昇進・昇格の運

図表1-5 企業にとっての働き方改革の全体図

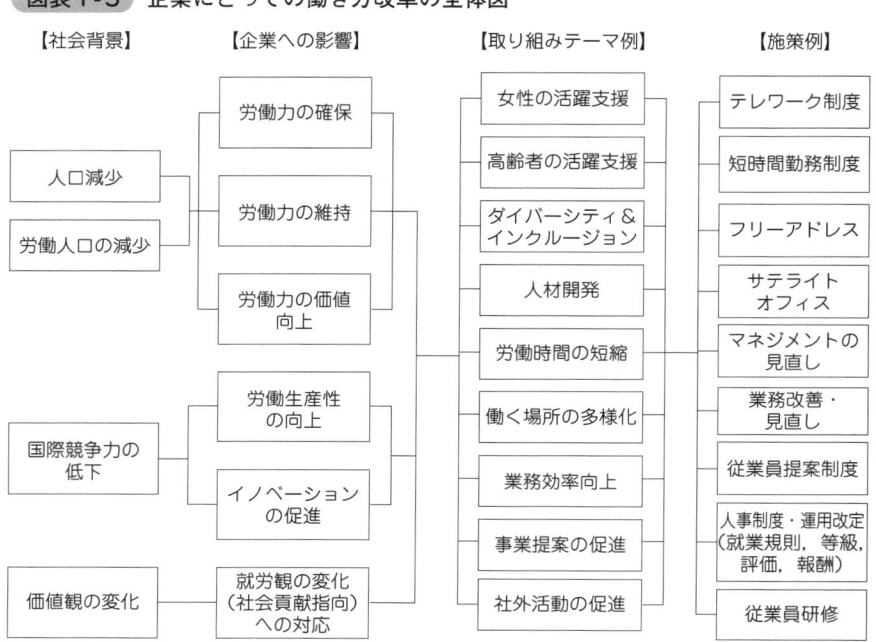

【社会背景】　　　　【企業への影響】　　　　【取り組みテーマ例】　　　【施策例】

用を見直す（施策としては「人事制度・運用改定」）と同時に，出産・育児な どのライフイベントに対応できるように「短時間勤務制度」などの整備が必要 となってきます。また，長時間労働を前提とした仕事の割り当ての仕方は改め なければなりませんし（施策としては「マネジメントの見直し」），フルタイム 勤務者も含めた全従業員を対象として別の取り組みテーマ「労働時間の短縮」 に向けて各種の取り組みを行う必要があります。

　さらに，自宅で業務を行うことを認める「テレワーク制度」や，オフィスよ りも自宅に近い「サテライトオフィス」での勤務を認めるといった施策により， 「働く場所の多様化」を進めることは，保育園の送り迎えを行っている従業員 にとっては望ましいでしょう。短時間勤務者は限られた時間で高い成果を出す ことを特に指向しますから，「業務の改善・見直し」によって「業務効率向上」 がなされることは必須であり，フルタイム勤務者にとっての手本となるケース

も多く見られます。

◻ 長期にわたる影響も視野に

　短時間勤務制度は，法律では「子供が3歳になるまで」と定められていますが，厚生労働省の雇用均等基本調査（平成27年度）によれば従業員500人以上の企業の34％が子供が小学校に入るまでの利用を認めており，そのうちの14.7％の企業は小学校高学年〜卒業（12歳）までの期間の利用を認めています。

　30歳で第一子を出産し，2〜3歳差で第二子を出産し，短時間勤務を利用した場合，45歳でフルタイム勤務に復帰することになります。そのため，女性活躍支援を考える上で，短時間勤務を行っている期間の育成・成長は本人・企業双方にとって重要なテーマです（人材開発を目的とした「従業員研修」）。

　また，BtoC企業であれば，彼らの生活実感をぜひ新サービスや新事業につなげてほしいと考えるでしょう（「従業員提案制度」を導入して事業提案の促進）。

　このように「女性の活躍支援」という取り組みテーマ1つを取り上げても，図表1-6のグレーの部分の項目のとおり推進にあたっては複数のテーマが相互に関係しており，関連する施策も多岐にわたることがわかります。

◻ 影響範囲が大きい働き方改革

　働き方改革は全従業員を対象とした社内の取り組みですが，顧客や取引先など社外の協働者にも影響を及ぼします。企業は顧客への提供価値の維持・向上を常に目指していますが，これまで顧客からの深夜の問い合わせに対して即座に対応していた企業が労働時間の短縮を進めれば，既存のサービスレベルを低下させる可能性があります。そのため働き方改革を進める際には，各取り組みや施策が経営や業績にどのような影響を与えるのかを慎重に判断しなければなりません。

図表 1-6 女性活躍支援に関係する取り組みテーマと施策

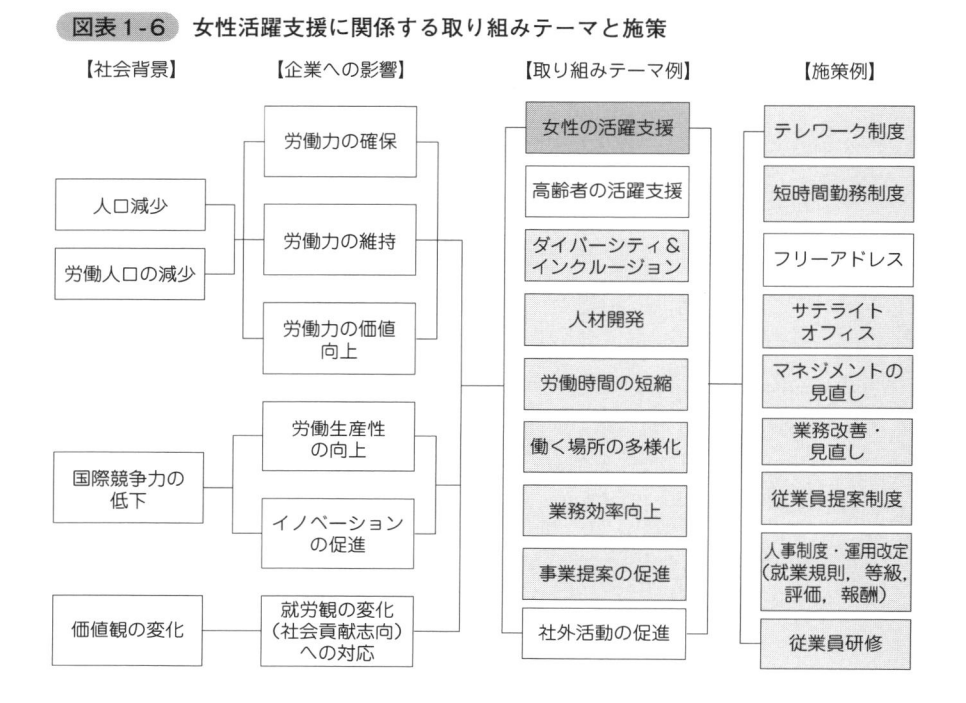

また，それぞれの施策の遂行にあたっては，人事制度の改定に伴う人件費，セキュリティ強化やコミュニケーションツールの導入に伴う各種システム投資費用，サテライトオフィス開設を含むオフィス環境投資費用など，財務的にも大きな影響があることを意識すべきです。

さらに，働き方を改革することは，その企業独自の価値観や風土にも影響を与えます。働き方改革は，領域が広く，テーマが相互に関連し，加えて財務・非財務ともに影響範囲が大きい取り組みであることを忘れてはなりません。

5. 働き方改革を行う心構え

☐ 「あるべき姿」から考える

労働時間短縮を1つのきっかけに働き方改革が取り上げられ，法制度が進んでいることもあり，ともすると働き方改革イコール法規制への対応のようにも見えてしまいますが，働き方改革は企業に変化をもたらす大きなイベントです。せっかくの機会なのですから前向きに捉え，**各企業が自社に合った働き方を生み出し，改革を起こそうという意識を持って取り組みたい**ものです。

企業は従業員に長時間労働を強いたいわけではありません。一方で，従業員も必要以上に長時間労働をしたいとは望んではいません。今よりも短い時間で高い成果を出すことができ，その成果に見合った報酬が支払われるのであれば，企業・従業員双方にとって望ましいことです。

育児や介護や病気などで一時的に仕事にかける時間を短くせざるを得ないとか，一時的に会社を離れざるを得ない状況になった場合も，可能な範囲で勤務を続けこれまでの知見を生かすことができる環境は，企業・従業員双方にとって望ましいでしょう。

企業と従業員の双方にとって今よりもより良い状態を定め，その実現に向けて阻害要因を洗い出し，1つ1つ変えていくのが働き方改革です。領域が広く手をつけるべきことは数多くありますが，あるべき姿の実現に向け，トライしていきましょう。

☐ 必要な「なぜ，何を，どうやって」

これまで見てきたとおり，働き方改革という言葉は多くのものを内包している言葉ですので，働き方改革と聞いたときに受け取り手が想定する内容もさまざまです。このため「**なぜやるのか**」「**何をやるのか**」「**どうやってやるのか**」

の言語化が極めて重要になってきます。

　図表1-5からもわかるよう，働き方改革は今すぐ対処しなければならない課題だけではなく，社会環境の変化を背景とした，やがて来る未来に向けて着手するテーマをも含んでいます。自社の未来に向けての取り組みであり喫緊の課題ではないからこそ**「なぜやるのか」**という目的をしっかり定めることが重要になります。

　「何をやるのか」については，各自の小さな工夫から多額の投資を要するものまで幅があります。利益を追求している企業であれば，各施策の投資対効果は正確にではないにしてもある程度予測しておくべきでしょう。

　図表1-7は働き方改革で発生し得る投資と，その投資に期待するリターン（効果）をまとめたものです。期待する効果を考えた上で施策を考えれば，「何をやるか」の幅も大きく広がります。**図表1-7**では財務的な効果に絞って記載していますが，従業員の満足度向上や社会への影響力の向上など，非財務価

図表1-7　働き方改革の投資とリターン

発生し得る投資	期待リターン（効果）
・業務見直しによるシステム投資 ・アウトソーシング費用 ・テレワーク導入によるシステム投資 ・サテライトオフィスの構築 ・フリーアドレス化 ・コミュニケーションツールの導入 ・セキュリティー強化 ・業務活動管理システムの導入 ・社内インフラの整備 ・人材開発施策の強化 ・学習への費用支援 ・CSR施策費用	・労働時間短縮による残業代の低下 ・体調不良者の減少により「休職」に伴う人的手当て・マネジメントコストの低下 ・退職者の減少による採用費の低下 ・採用ブランド力向上による採用費用対効果の向上（採用費の低下） ・テレワーク導入によるオフィス賃料の低下 ・人材開発施策・自律学習支援による人的資源の価値向上に伴う業績向上 ・雇用関係の柔軟化による人材ポートフォリオの多様化と直接人件費比率の低下 ・新サービス・新事業の立ち上げによる業績向上 ・企業ブランドの強化による業績向上

値の向上も重要なことは言うまでもありません。

　「**どうやってやるのか**」とは，働き方改革の進め方・プロセスです。どのタイミングで何をメッセージとして伝え，組織の誰をどういう順番に巻き込み，どう浸透させていくのかというスケジュールとデザインを組み立てておくべきです。

　本章の後に続くPart Ⅰ〜Ⅲは，この「なぜやるのか」「何をやるのか」「どうやってやるのか」の3つについて順に説明していきます。

◻ 社員の大人度が成否を左右する

　企業が働き方改革を進めようとすると，いくつかの矛盾に気づきます。それは，**働き方改革が「ルールによって自由度を高める」性質を持つ**からです。これは，旧来の労使交渉と全く異なります。旧来は，会社側は従業員に対して，もっと働いて欲しい，もっと会社に尽くして欲しい，もっと経営にコミットして欲しいと働きかけるのが一般的でした。しかし，働き方改革においては，従業員に対して，長い時間働いてはいけない，もっと会社以外の時間を大切にして欲しい，もっと自由にしていい，というのです。そしてそのために新たな制度やルールをつくり，長時間労働をしてはいけないという規制をかけたりするのです。

　もちろん，何でもかんでも自由というわけではありません。従業員は会社から「自由度を高めよ」といって背中を押されていたかと思えば，情報セキュリティの制約に直面します。また，会社側も法制度との整合性をとることの難しさにぶつかります。

　しかし，制約を減らして個人の裁量を高め，従業員の自由を認めていく際に，情報セキュリティや法制度よりも重要なのは，従業員自身の自律です。会社ができる限り従業員の自由度を高めたいと考えたとしても，そのためには従業員がルールを自律的に守ることが前提となります。自由度を高め，自己裁量の範囲を拡大する働き方改革の成否は，組織や従業員の「大人度」によるところが

大きいとも言えます。

❏ 変化への不安

　これまでの働き方を変えることは誰にとっても不安なものです。例えば，これまでじっくりと時間をかけて丁寧に業務を行ってきた人が，これからは効率を意識してなるべく短時間で仕事をするように言われたらどう思うでしょうか。短時間で仕事を済ませられればよいことはわかっていたとしても，やはり不安に感じるでしょう。また，そもそも自律していない人が自由にしなさいと言われても仕事は進みません。手厚くフォローしてもらっていればこそ成長できるのに，フォローがなければ成長のスピードが落ちてしまうと考えることもあるでしょう。

　部下を抱える管理職はさらに不安を覚えるようです。働き方改革はこれまでのマネジメント方法を変えることでもあるからです。労働時間が短くなることによって，若手メンバーの成長速度に影響が出るのではないかと案じる声や，上司の見えないところでメンバーが業務を行うことに対してマネジメントの懸念が出ることは当然のことです。

　さらに，第4章で詳しく述べますが，個人の状況と意識の多様性も働き方改革を大いに難しくする要因です。何を解決すべき課題と捉えるのかは人によって異なります。例えば「長時間労働」は解決しなければならない課題であるというのが一般的な意見ですが，ある一定の時期に1つのテーマに寝食を忘れて没頭することは実力を育むために必要な経験であると考える人もいます。その人にとって，その時期の「長時間労働」は（一定の時期という条件はつきますが）課題として認識されないのです。

6. 未来志向の「働き方改革」

◻ 時代遅れの法規制

　働き方変革を難しくする1つの要素は，法規制との整合性であることは間違いありません。特に，働く「場所」と「時間」の自由度を高めようとすると労働関連法は必ず壁のように現れます。

　企業は従業員の労働時間を適切に把握するために「始業」と「終業」時刻を記録することが義務づけられています。労働時間は，始業時刻から終業時刻までの時間から休憩時間を差し引くことで求められます。しかし，現状はそれほどシンプルではありません。1人ひとりの「始業」「終業」「休憩」の時間や回数が異なるからです。

　労働基準法は1947年に制定されており，工場法をその前身としています。全員が同じ時間に出社し，同じ時間に昼休憩をとり，同じ仕事をし，同じ時間に退社していた時代は，「始業」「終業」時刻を把握し，休憩時間を一律に差し引けば労働時間を合理的に正しく捉えることができました。しかし，**現在ではフレックスタイム制やテレワーク制度の導入により，「始業」「終業」時刻が1人ひとり異なる**ようになっています。

　テレワークを導入している企業では，従業員は1日の業務を会社と自宅で行うことができますし，自宅で夕食をとった後に仕事を再開するといった働き方も可能です。その結果，1日の「始業」と「終業」の間に，「通勤」や複数の「休憩」が含まれ，いわば複数の「始業」と「終業」が存在することになります。

　図表1-8は，テレワーク制度を利用し，早朝に自宅で業務を行ってから会社に出社して業務を行い，夕方に退社して食事や家事を行った後に，再度自宅で業務を行った場合の「始業」「終業」と「労働時間」の例です。1日で考えれば「始業」は7時，「終業」は21時となり，「始業」から「終業」までの延べ

図表1-8 テレワークを利用した場合の「始業」「終業」と「労働時間」

業務開始 7:00 7:00		出社 10:00				退社 16:00		業務 21:00 終了 21:00
テレワーク	家事・食事等	移動（自宅→オフィス）	業務	昼食	業務	移動（オフィス→自宅）	家事・食事等	テレワーク
1h			2h		3h			1h

始業＝7:00　終業＝21:00　のべ時間＝14:00　労働時間＝7:00　休憩他＝7:00

時間は14時間となりますが，実際に業務を行っていたのは図表のグレーの部分の合計である7時間となります。

　企業が本来管理すべきは「始業から終業までの延べ時間」ではなく，業務を行った労働時間の合計です。 働く場所と時間の自由度が高まれば高まるほど，企業が「始業」「終業」時刻をのみを記録し管理することの必然性は薄れます。

　現在の労働基準法では労働時間は賃金に連動しており，企業は労働した「時間の長さ」に対して従業員に報酬を支払うという考え方に基づいて制度を設計しています。しかし，成果に対する報酬支払いを指向している企業にとって，時間を基にした賃金計算は，思想として矛盾を感じるでしょう。

　また，兼業・副業は今後増えていくであろうと考えられますが，企業は本業での労働時間に副業での労働時間も合計して労働時間管理を行わなければならないとされています。しかし，社外の活動である兼業・副業まで含めて従業員の管理責任を問われるのは不合理であり，人事実務上も現実的ではないことは明らかです。

　労働関連法は，従業員が1つの企業だけに属し，同じ場所で同じ時間帯に同じ仕事に従事することを基本に作られています。働き方改革を行う際に，**現在の法規制に窮屈さを感じるのは，企業の取り組みが法律よりも先行しているためです。**

☐ 過剰適応を薦める専門家

　企業も法律に違反したいわけではありませんから，現法律の下で何とか働き

方を改革しようと模索します。その際には一次的には関連書籍を調べますが，やはり判断できないことは弁護士や社労士などの専門家に相談することになります。しかし，**残念ながらこれらの専門家からは，法律に確実に違反しないようにと過剰な適応を薦められること**もあります。企業は現法律に則りつつも，先進的な働き方ができるような合理的な解釈や手法を専門家に期待しているのですが，そのようなアドバイスをされることはあまりありません。

　労働関連法は法律でさまざまな規制をかけることで従業員を守ろうという考え方を基本としています。厳しい指導が必要な企業が存在しているのは事実ですが，世の中の企業すべてに問題があるわけではありません。労働法の専門家の中には「優良企業に対しては労使間における協定があれば労働法の規制を適用除外していくという発想もあるのではないか」と語っている人もいます（守島基博・大内伸哉（2013）『人事と法の対話』有斐閣）。

　企業人事としては，今後に期待しつつ，数々の矛盾を感じながらも，現法制度の範囲の中で知恵を絞っていかなければなりません。

◘ 「性善説」に立って未来を描く

　さまざまな難しさはありますが，働き方改革は実現したい未来に向けた取り組みです。

　従業員の多くは仕事に対して誇りを持ち，誠実に業務を行っています。新たな価値を提供できるようになれば喜びを感じ，仕事を通して自己が成長できればうれしいと感じます。

　企業は，黙っていると人は悪い行動をするという「性悪説」に立って，あれをしてはだめ，これをしてはだめ，と規制をかけるのではなく，仕事をする上での基本ルールは示しつつも，**個人の可能性を信じ，「性善説」に立って働き方改革を進めるべき**です。

Part I
なぜ働き方改革を行うのか

- -

Points

　「働き方改革」は，実現したい未来に向けて企業と従業員がともに取り組む活動です。どのような未来を実現させたいのか，なぜ，実現させたいのかを考え，言語化することから，働き方改革は始まります。

　Part I では「何をするのか」の前に，最も大切な「なぜ行うのか」に焦点を当て，目的を明確にする意義と重要性，また，働き方改革を推進する上で必要となる労働時間や従業員属性などの情報について当社の例も交えて述べます。

第2章

働き方改革の目的をおく

第1章　働き方改革ってなに

Part Ⅰ	Part Ⅱ	Part Ⅲ
なぜ働き方改革を行うのか （WHY）	働き方改革で何をするのか （WHAT）	働き方改革をどう進めるのか （HOW）
第2章 **働き方改革の目的をおく** 第3章 前提の把握	第4章 テーマの決定 第5章 働き方の自由度向上 第6章 労働時間の短縮 第7章 知の交流の促進	第8章 働き方改革の壁の乗り越え方 第9章 働き方改革を成功させる プロジェクト推進 第10章 人事制度への反映

Summary

　働き方改革はカバーする領域が広い取り組みです。さまざまな目的をおくことが可能なだけに，自社にとって必然性のある目的を設定すべきです。働き方改革は想定以上に難度の高い取り組みですが，その中でも目的の設定は，最も難度が高いプロセスといえます。

　この章では，目的を設定する際に持つべき視界や，人事実務との関連性，何をもとに作成すべきかについて述べます。過去の失敗例も含めて，当社の目的および設定に至ったプロセスを紹介します。

1. 目的の重要性

◻ 判断基準としての目的

　物事を進めるために目的を明確にしておくことの重要性は言うまでもありません。目的がはっきりしていないと，個別の施策や取り組みを検討し，実行の是非や優先順位を決定していく際の判断ができません。広範囲におよぶ働き方改革の議論では課題も手段も多岐にわたります。しかし，一方で今すぐ解決しなければ会社が潰れるとか，事業や仕事がなくなるとか，というものはほとんどありません。多くの施策は日々の業務における必要性に乏しく，はっきり言えば面倒くさくて先延ばしが可能なものが多いため，**目的という明確な判断基準がないと，なぜそれをやるべきなのか，やらなくてもよいのではないかという声が上がり，働き方改革は進まない**のです。

　カバーする領域が極めて広い働き方改革を進めるためには，特に目的を明確にしておくことが重要ですが，カバーする領域が広いということは，裏を返せば真の目的を絞り込むことが難しいことを意味します。働き方改革の目的をどうおくのかは想像以上に苦労するものです。

◻ 企業経営における働き方改革の視界

　第1章で政府の「働き方改革実行計画」をご紹介しました（再掲**図表1-1**）。国が時間をかけて取り組むテーマですので，教育や雇用システム変革まで幅広い内容となっています。企業で働き方改革を，例えばこの1年かけて推進していくという際にはあまり広げて考えるのではなく，経営としてコントロールが可能な範囲に絞ることが重要です。**図表2-2**は2〜3年程度の期間を想定して，働き方改革を行う際に必要な視界のみを抽出し各要素の関係性を整理したものです。企業が働き方改革を推進していく際に考えるべき内容はこれで十分

図表2-1 2017年3月政府発表「働き方改革実行計画」検討テーマと対応策（図表1-1再掲）

検討テーマ		対応策	
1	非正規雇用の処遇改善	1	同一労働同一賃金の実効性を確保する法制度とガイドラインの整備
		2	非正規雇用労働者の正社員化などキャリアアップの推進
2	賃金引上げと労働生産性向上	3	企業への賃上げの働きかけや取引条件改善・生産性向上支援など賃上げしやすい環境の整備
3	長時間労働の是正	4	法改正による時間外労働の上限規制の導入
		5	勤務時間インターバル制度導入に向けた環境整備
4	柔軟な働き方がしやすい環境整備	6	健康で働きやすい職場環境の整備
		7	雇用型テレワークのガイドライン刷新と導入支援
		8	非雇用型テレワークのガイドライン刷新と働き手への支援
		9	副業・兼業の推進に向けたガイドライン策定やモデル就業規則改定などの環境整備
5	病気の治療，子育て・介護等と仕事の両立，障害者就労の推進	10	治療と仕事の両立に向けたトライアングル型支援などの推進
		11	子育て・介護と仕事の両立支援策の充実・活用促進
		12	障害者等の能力を活かした就労支援の推進
6	外国人材の受入れ	13	外国人材受入れの環境整備
7	女性・若者が活躍しやすい環境整備	14	女性のリカレント教育など個人の学び直しへの支援や職業訓練などの充実
		15	パートタイム女性が就業調整を意識しない環境整備や正社員女性の復職など多様な女性活躍の推進
8	雇用吸収力の高い産業への転職・再就職支援，人材育成，格差を固定化させない教育の充実	16	就職氷河期世代や若者の活躍に向けた支援・環境整備の推進
		17	中途採用の拡大に向けた指針策定・受入れ企業支援と職業能力・職場情報の見える化
		18	給付型奨学金の創設など誰にでもチャンスのある教育環境の整備
9	高齢者の就業促進	19	継続雇用延長・定年延長の支援と高齢者のマッチング支援

資料：働き方改革実現会議『働き方改革実行計画』（2017年3月）より抜粋

です。これでもまだ多いくらいであり，図表を見ていただければ各要素が関係し合っていて働き方改革の難しさがそのまま理解できると思います。

図表2-2　企業経営における働き方改革の視界

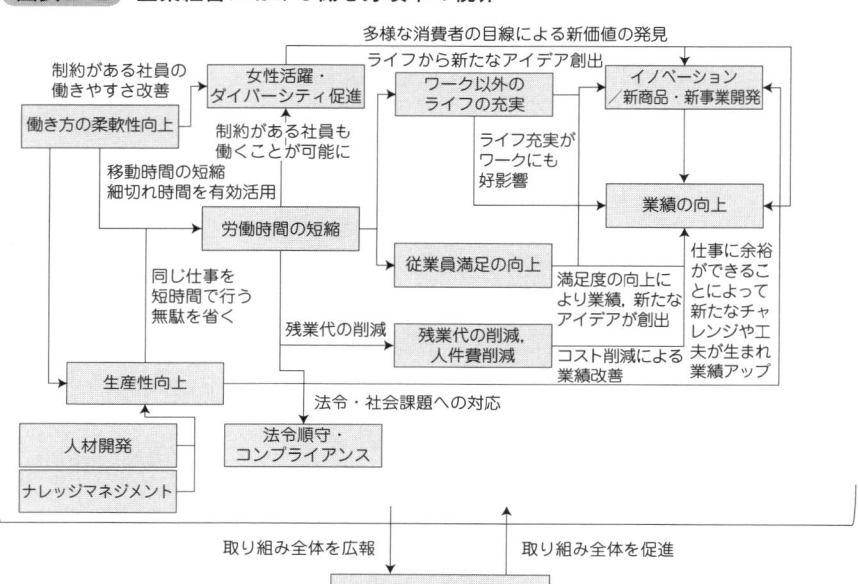

🔲 複雑に絡み合う各要素

　どこから説明を始めたらいいのかも難しいのですが，まず「労働時間の短縮」から取り上げましょう。昨今では長時間労働による労働災害が発生し，長い労働時間が社会問題化したため，多くの企業にとって「労働時間の短縮」は「法令順守・コンプライアンス」上の喫緊の課題となっています。

　労働時間が短縮されれば，残業代の削減・人件費の削減を通じて「業績の向上」（利益が改善）が見込めます。また，それまで過剰に働いていた人の労働時間が減れば，そのような人の従業員満足度は向上（従業員満足の向上）するでしょう。さらに，労働時間以外の時間，いわゆるライフに当てる時間が増加し趣味や余暇などの時間が充実すると考えられます（ワーク以外のライフの充実）。

「従業員満足が向上」し，やりがいや高い意欲のある従業員が増えれば，業績にもいい影響（**業績の向上**）があるでしょうし，新たな製品・サービス・事業が生まれる可能性も高くなると考えられます（**イノベーション／新商品・新事業開発**）。また，仕事以外の体験が充実すれば（**ワーク以外のライフの充実**），仕事にもいい影響が及び，「業績の向上」につながるだけではなく，新たな製品・サービス・事業開発に向けたアイデアが生まれることも期待できます（**イノベーション／新商品・新事業開発**）。

「労働時間の短縮」は多様化する従業員の活躍を促す要因の１つになります（**女性活躍・ダイバーシティ促進**）。育児や介護，あるいは病気で通院が必要な人が経済活動に参加するためには，長時間労働は大きな障害となるからです。また，今後増えるであろうシニア層の社会進出のためにも労働時間の短縮は必要ですし，優秀な外国人労働者を引きつけるためにも，日本企業の伝統的な長時間労働は解決すべきでしょう。

企業に多様な従業員が存在することは，「業績の向上」「イノベーション／新商品・新事業開発」にもつながるかもしれません。女性の視点で新商品の開発に成功したり，多様な観点を用いることにより業務改善が進んだりというケースはよく話題になります。

制約のある人を含めた多様な人（シニア層や外国人労働者を含む）がストレスなく社会活動を行うためには「女性活躍・ダイバーシティ促進」「働き方の柔軟性の向上」も求められます。会社内だけではなく，自宅や実家，あるいは外出先で勤務ができるなど，勤務場所が自由であれば，育児や介護と仕事を両立させることの負担が減ります。また，業務時間が自由であれば，日中は育児・介護で仕事ができなくても，仕事で求められる成果を出すことが可能になります。

営業職などで外出が多い人がオフィス外で業務を行うことができれば，移動時間を大幅に短縮できるほか，顧客訪問の隙間時間も業務時間として活用できるため，「労働時間の短縮」に直接的に効果があります。これらも含め，よく「生産性向上」とくくられたりします。同じ仕事を短時間で終わらせたり，無

駄を省いたりすれば，生産性は高まります。「生産性向上」という言葉は使いやすい一方でややあいまいですが，「労働時間の短縮」を目指した「生産性向上」という意味合いで使われることが多いようです。もちろん「生産性向上」によって仕事に余裕ができれば，新たな工夫やチャレンジが生まれ，「業績の向上」や「イノベーション／新商品・新事業開発」につながることもあるでしょう。なお，「生産性向上」には，「人材開発」や「ナレッジマネジメント」も寄与するでしょう。

最後に，働き方改革への取り組みを社外に発信していくことは，働き方先進企業というブランド認知の向上や採用力の強化につながると考えられます（ブランド向上／採用力強化）。

このように大変入り組んだ構造をしているのが働き方改革なので，企業の目的の設定の仕方にもたくさんのバリエーションが考えられます。企業の置かれている状況，経済・経営環境においても適切な目的は変わります。

例えば，リーマンショックと呼ばれる米国発の金融危機とその後のわが国における景気後退期には，企業は残業代を削減するために，労働時間の短縮，特に超過勤務の是正を強化しました。解雇規制が厳しいわが国においては解雇による人件費の削減ができないため，多くの企業が残業・深夜勤務や休日出勤を禁止することで総額人件費の削減を図りました。この際の労働時間の短縮の目的は，明確に残業代の削減を通じた利益・業績の改善でした。しかし労働時間の短縮は，働き方改革の文脈で語ることも可能です。

❏　難しい働き方改革の目的設定

働き方改革はとても便利で，何でもかんでも理屈をつけられるオールマイティーな言葉です。後から，さまざま施策を働き方改革に結びつけることができるため，逆に働き方改革を出発点として何から始めるのか，目的は何か，を決めることが難しいのです。

例えば，人件費の削減が企業の本音であったとしても，労働者に不利益とな

るようなメッセージを企業は出しにくいことから，業務の効率化や生産性向上を行い労働時間を短縮する，と企業はメッセージを工夫することもできます。この場合は「生産性の向上」が目的となるでしょう。

　しかし，生産性の向上や業務の効率化は従業員にとっては負担になりえます。生産性の向上を行うためには，従業員はこれまでの慣れ親しんだ仕事のやり方を見直し，新たなチャレンジをすることも求められるからです。だとすると，生産性の向上だけではなく，生産性を向上させて何をするのか，生産性を向上させるとどんなメリットがあるのか，を語る必要が出てきます。

　具体的には生産性を向上させて労働時間を短縮し，ワーク以外のライフを充実させたり，従業員の満足度を高めたりすることを目的とする，ということです。そうなると目的は「ワーク・ライフ・バランス」になるでしょう。さらに事業への価値貢献を狙うのであれば，ライフの充実により新たなビジネスアイデアが生まれることや，従業員の高い満足度を原動力にして業績を高めること，つまり「業績の向上」や「イノベーション／新商品・新事業開発」が目的となります。

　もちろん，「業績の向上」や「イノベーション／新商品・新事業開発」を促すためにも，まずは「女性活躍・ダイバーシティ促進」あたりを働き方改革の目的とすることもありえます。

　また，昨今のように長時間労働による労働災害が発生し，長い労働時間が社会問題化する中では，ズバリ「労働時間の削減」を目的におくことが有効な場合もあるでしょう。

　さらに，企業によっては，これらの取り組み全般を広報することによって働き方先進企業というブランド認知を向上させ，その後の業績の拡大を狙ったり，採用力強化を期待したりすることまでを目的とすることもありえます。

❑ 専門家が語る目的

なぜ働き方改革を行うのかについては，さまざまな人がさまざまなことを

語っています。まず目につくのは大学教授・研究者・政府関係者のような専門家による提言であり講演内容です。

　特に，経済効率を重視する労働経済学系の研究者は，「生産性の向上」を働き方改革の目的に掲げます。例えば，「働き方改革の本来の目的は企業・職場での取り組みを通じ，生産性を高めることであり，長時間労働の是正はその結果に位置づけるべきだ」（山本勲慶應義塾大学教授『日本経済新聞』2017年5月2日26面）といったものです。

　しかし，これは「長時間労働を是正するためには，その手段として生産性向上が有効である」ということも言っているので，結局，何を目的として重視するかは，その人によることが表されています。

　「働き方改革」をインターネットで検索してみると当然ながらたくさんのページがヒットします。しかし，そこで語られているのは，

　　○働き方改革は「企業が生き残るために必要」
　　○働き方改革は「戦略そのもの」
　　○働き方改革を行うのは「変化に対応しなければならないため」

というレベルが多く，目的というよりも働き方改革の性質や必要性を述べるにとどまっています。これらのページでは，「これを考えるべき」「こういう視点が必要」「こんなツールが便利」という情報の提供がされていますが，働き方改革の目的をズバリと言い表してはいません。

2.　各社の対外的なメッセージ

🔲 新しい価値の創造

　では，働き方改革で先行する各社はどのような目的を置いているのでしょうか。多くの会社がホームページやSNSで，なぜ働き方改革を行うのかについて

自社の目的を明らかにしています。しかしながら，ほとんどの会社が，細かい言葉の違いはあれど，「社会への新しい価値の創造」を目的として掲げているようです。

　営利企業にしてみれば，働き方改革を社内で行うだけでは自己満足であり，働き方改革の結果としてお客様を代表とするステークホルダーに新たな価値を提供しない限り成功とはいえない，ということなのだと思います。

🔲 適切な目的は企業によって異なる

　もちろん企業によっては，「新しい価値の創造」が働き方改革に直結する場合もあります。働き方改革を進めるにあたって必要となるITシステム（勤怠管理システム，テレワークを可能にするウイルス対策などのセキュリティ対策とネットワーク構築，ペーパーレス化支援など）を提供する企業やオフィス什器メーカーであれば，働き方改革は大きな商機となります。

　また，B to Cビジネスを展開する企業も，働き方を変えてワーク以外のライフを充実させることが，モノの消費＝自社商品の消費につながるため，「新しい価値の創造」を目的とすることに違和感はないかもしれません。

　しかし，（例えば当社のような）BtoB企業においては，「新しい価値の創造」が働き方改革の目的だといわれてもちょっとピンときません。対外的にはそれでも構わないのですが，社内で組織を動かしていくためには，「新しい価値の創造」だけではいかにも遠く，実感がわかないのです。

　「社会への貢献」や「よりよい社会のために」といってみても，そのために働き方改革を「よしやろう」と思う人がどれほどいるでしょうか。働き方改革を行う主体は従業員です。その従業員自身にとって明るい未来を示すような目的を，社内向けだけでもいいので，明確にメッセージするべきなのです。

　例えば，従業員の長時間労働が明らかに問題となっているのであれば，「労働時間の短縮」こそが働き方改革の目的であると言い切ったほうがいい場合もあります。超過勤務が多く従業員が疲弊する企業において，社会の貢献といっ

てみたところで従業員にはきれいごとと捉えられるのが関の山でしょう。従業員をしらけさせずに巻き込むためにも，身近で現実的な目的をおくことが望ましいのです。

◻ 当社の例：盛り上がらなかった過去のプロジェクト

　次章でも紹介しますが，当社では労働時間マネジメントを過去10年以上継続してきています。それに伴い，早帰り推奨日の設定や，深夜勤務の原則禁止を実施してきました。深夜勤務をやむをえない場合に限定し，事前に上司の承認を得ることを必須としたのです。オフィスの22時消灯も始めました。

　経済環境が悪化した2009年度には，経費削減の目的で深夜勤務に続いて休日勤務を禁止しました。また，東日本大震災後には，電力不足懸念の影響もあったことから，より早い退社を促すため，20時，21時，22時毎正時に，オフィスの照明を一斉に消灯することも行いました。しかし，「やむをえない」深夜残業はなくならず，深夜勤務・休日勤務の禁止ルールは形骸化しました。オフィスの消灯も，実際にはその後も業務を続ける人がいたため，消灯されてもすぐに点灯されてしまったのです。早帰り推奨日にいたってはいつの間にかなくなっていました。

　この間，社内においても有志や総務部門においてさまざまな取り組みが推進されました。2005年には長時間労働，従業員の負担感の増加，体調不良者の発生に対応するために「会社をより強くやさしくする」プロジェクトが推進されました。

　2008年から2009年にかけては「走り方を変える：心身のバランスを保ち，生産性高く，かつ柔軟に働くことのできる会社にシフトする」という方針を掲げて，労働時間短縮を呼びかけました。

　また，最近では2012年に，働き方・時間の使い方の見直しを進め，労働時間の質を高め，成長のためにインプットできる時間を確保できる環境づくりを目指す「生産性向上プロジェクト」を立ち上げ，プロジェクトの3ヵ年のステッ

プ・ゴールを明らかにしました。

　この際には，企画担当のマネジャーをプロジェクトリーダーに据え，生産性向上に取り組む理由を以下のように明示しました。

　　○1人ひとりの専門性向上≒成長がリクルートマネジメントソリューションズの競合優位性
　　○専門性を磨く・成長していくための時間が必要，でも余裕がない状態
　　○労働基準法対応はMust，でもそのためだけじゃない

　そして各部署における議論，従業員へのヒアリングを行った結果から，さまざまな課題があるなかでも，「変えやすさ」と「影響の大きさ」の観点から「会議・打ち合わせの効果・効率性の向上」を優先テーマと設定して取り組みました。このときに設定したのが第6章で述べる会議・打ち合わせのガイドライン「PRIME GOAL」です。

　このプロジェクトは会議の効率化の面で一定の成果をあげました。特にこの時期に定めた会議の起案フォーマットは，現在でも有効に活用されています。ポスターに関しては後述するオフィス移転の際に紙削減を大々的に行ったため，現在は取り外されていますが，新オフィスでは執務室のデジタルサイネージの定例コンテンツとなりました。

　この成果は全社を巻き込んだことに加えて，取り組みの理由と，「生産性の向上」という目的をしっかりとおいたことによるものだと考えています。

　ただし，振り返ってみると，「生産性の向上」は目的としては少しあいまいだったと思います。そのため，会議の効率向上という一定の成果はあったものの全社を挙げての大きな活動を起こすまでにはいたりませんでした。

3. 何を起こしたいのかを決める

◻ 大切なストーリーとしての整合性

目的をメッセージとして発信する際には，企業のビジョンや人事制度など，企業で発信している他の方針や取り組んでいる施策・定めている制度と接続することが重要です。例えば単純に「生産性向上」と叫んでみても，それはなぜか，という疑問が出ることは間違いありません。

当社はこういう社会を目指しており，こういう事業を行っている。今後このようなことが予想されるので，こういう働き方を実現したい，ということがストーリーとして示されれば従業員の納得感は増します。逆にそういうストーリーがなければ，働き方改革の取り組みは頓挫する可能性が高くなります。

働き方改革を進める際には，アプローチするターゲットの特定（対象者は誰にするのか）とそのターゲットの望ましい状態を特定するといいでしょう。望ましい状態を表す数値・KPI（Key Performance Indicator：重要業績指標）まで特定できればよいですが，最初の段階で目標値までおくのは難しいのが現実です。

アプローチする対象を特定するのも案外重要です。育児や介護，通院が必要であるといった何らかの制約がある人なのか，外国人やシニアのような特定の属性の人なのか，属性に関係なく制約のない人まで含めた全員なのか，その対象を決めておいたほうがその後の施策検討がスムーズに進みます。

もし，働き方改革を全社的に進めるのが難しいと判断するのであれば，育児や介護の負担が大きい制約のある人に対象を絞って段階的に進めることも有効です。制約のある人は一般的に解決したい問題が明確であり，検討が進めやすいからです。

繰り返しになりますが，目的をどうおくのかは非常に難しい問題です。しかし，目的をおかないと「働き方改革」は始まりませんし，進めることはできません。

◻ 当社の例：働き方改革の目的は「社会体験の充実」

　この後もたびたび紹介していきますが，当社では，2016年に全社プロジェクト「多様な人材が生きるマネジメントの構築と推進」として多様な人材のための働き方改革を推進しました。部署横断で全社からの多様なメンバー（20〜50歳代，短時間勤務者，育児男性，短時間勤務者がいる職場のフルタイム者，親族の介護をしている人，社会人大学院に通う人）で構成し，さまざまなバックグラウンドや指向を持つ従業員1人ひとりが，「プロフェッショナルとしての持続的成長」を実現させること，そのための促進／阻害要因を特定し，取り組み課題を決定し実行することをゴールとして検討しました。

　プロジェクトでは，「プロフェッショナルとしての持続的成長」はどういう成長のことなのか，そして成長した結果どういう状態になればいいのか議論し，

図表2-3　当社の働き方改革の目的

さまざまなバックグラウンドや指向を持つ1人ひとりが，仕事以外の社会体験を充実させることでプロフェッショナルとして成長し，新たな価値を生み出していく

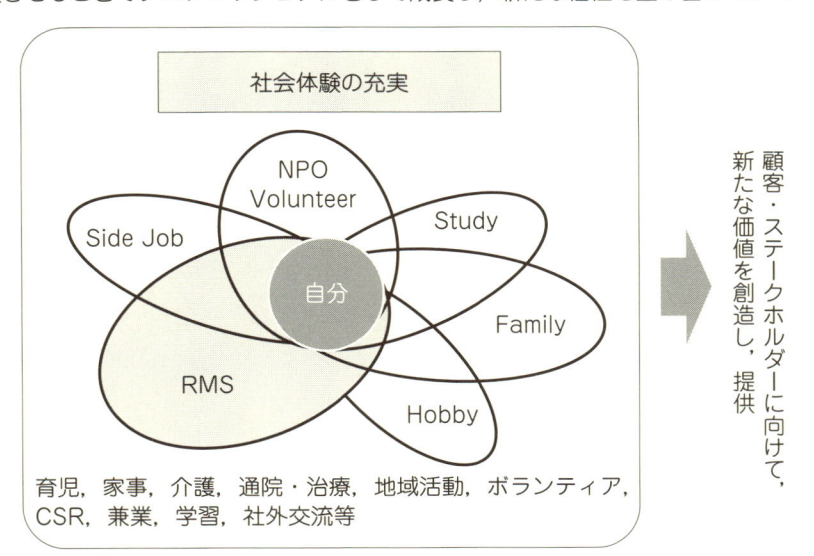

最終的に**図表2-3**のような「目指す姿」をまとめました。

　当社の働き方改革の最終的な目的は，「さまざまなバックグラウンドや指向を持つ1人ひとりが，仕事以外の社会体験を充実させることでプロフェッショナルとして成長し，新たな価値を生み出していく」であるとし，「社会体験の充実」を一次的な実現状態，目的としておいたのです。そして，「社会体験の充実」により，その結果として新たな価値が生み出されるとしました。

　単に労働時間の短縮だけを目的とするのではなく，かといってやや距離のある新価値の創造でもなく，「社会体験の充実」を目的においたのは，プロジェクトでの議論の甲斐もあって，当社にとってはちょうどいい頃合いだったと思います。

　「社会体験の充実」には育児，家事，介護のようなライフステージに応じて発生するイベントへの対応と，地域活動，ボランティア，兼業，通学のような，より能動的・積極的なトライが含まれます。もちろんこれらを可能にするためには，労働時間を短縮し，働き方・意識を変えなければなりません。しかし，強制的に変化を促すことを前面にした目的ではなく，より前向きに仕事以外のライフを充実させたいという気持ちを目的に込めました。

　また，「社会体験の充実」を目的としたことにより，後述するボランティア休職の導入やプロボノ活動（専門的なスキルを活かしたボランティア）への参加促進をはじめとするCSR（企業の社会的責任）への取り組みも，働き方改革の中で整理・位置づけることができました。

第3章 前提の把握

第1章　働き方改革ってなに

Part Ⅰ なぜ働き方改革を行うのか （WHY）	Part Ⅱ 働き方改革で何をするのか （WHAT）	Part Ⅲ 働き方改革をどう進めるのか （HOW）
第2章 働き方改革の目的をおく **第3章 前提の把握**	第4章 テーマの決定 第5章 働き方の自由度向上 第6章 労働時間の短縮 第7章 知の交流の促進	第8章 働き方改革の壁の乗り越え方 第9章 働き方改革を成功させる プロジェクト推進 第10章 人事制度への反映

Summary

　目的が設定できたら，次は現状を数値で把握します。これは，働き方改革で手を打つべきテーマが何なのかを見極めるためにも使いますし，取り組みが順調に進んでいるのかどうかをモニタリングするためにも必要です。

　従業員の属性，労働時間，従業員満足度調査などの社内数値に加え，社外からの評価も収集し，現状把握と数年後に起こりうる状態を予測します。

　この章では，どのような情報を収集すべきか，特に労働時間短縮に取り組む際に重要な労働時間の収集について，当社の労働時間管理手法ならびに勤怠管理システムもあわせて紹介します。

1. メッセージに必要な情報収集

▢ 現在と未来を捉える

　働き方改革の目的を定めるためには，「現在」と「未来」を正しく捉えることが必要です。働き方改革は将来に向けた取り組みです。将来の目指す姿をおき，目指す状態に向かって進むために，現状の把握だけではなく，将来に向けた状況の変化も捉えておくのです。

　現状把握には各種のデータ・定性情報を用います。**図表3-1**は収集しておくといい情報をまとめています。

　まずは年齢分布などの従業員属性に関するデータです。年齢別，性別，職種別，雇用形態別の人数や過去からの推移は，今後の施策を考える際のベースとなります。

　次に人事制度・人事施策の利用状況です。短時間勤務制度を活用している人が現状どの程度いるのか，また，産前産後休暇や育児・介護を理由として休職する人がどの程度いるのかも把握しておくべきです。留学休職の利用者数や，兼業を行っている人数，各種の福利厚生施策の利用状況，人材開発費用の推移も把握しておくといいでしょう。

　労働時間に関する情報はもちろん把握します。年間，月間の労働時間だけではなく，長時間労働を行う人の属性も把握しておくとその後の対応策の検討に役立ちます。できれば労働時間の長さだけでなく，どのような業務に時間がかかっているのかも把握できるといいのですが，その理由については第6章で説明します。

　人件費の推移ももちろんですが，従業員満足度やストレスチェックなどを通じて組織・個人のコンディションについても把握しておきます。従業員満足度調査の自由記述や人事面談などで収集した従業員の生の声も大切な情報です。限られた人の意見のみを施策検討のよりどころにするのは避けるべきですが，

図表3-1　現状把握のために収集する情報

カテゴリ	詳細	
従業員属性	年齢別・性別・職種別・雇用形態別人数・推移	
人事制度・施策利用状況	短時間勤務者数・推移	将来予測（例えば5年後）
	産前産後休暇取得者の人数・年齢・推移	
	育児休職取得者の人数・年齢・推移，復職率・推移	
	介護休職取得者数・属性・推移	
	留学休職取得者数・属性・推移	
	兼業申請者数・属性・推移	
	福利厚生施策別利用人数・属性・推移	
	人材開発費用推移，受講者数・属性・推移	
労働時間	年間・月間労働時間推移	
	長時間労働者の属性	
	業務内容の詳細	
人件費	月例給与，残業代，賞与・推移	
従業員のコンディション	従業員満足度調査の年齢・等級・職種・雇用形態別結果・推移	
	従業員満足度調査の自由記述内容	
	ストレスチェック結果・推移	
	人事面談の内容	
社外からの評価	採用における応募者プロフィール，質問内容	
	顧客調査結果・推移	
	ブランド調査結果・推移	

従業員の生の声は時として数値データに表れてこない状況を示してくれます。

　加えて，社外から自社がどのように見られているのかを知るためのものとして，新卒採用やキャリア採用の応募者のプロフィールを確認したり，面接などで聞いてくる質問を収集するのも有効でしょう。顧客満足度調査やブランド調査を行っているのではあれば，それらも把握しておきます。

🔲 将来を予測する

　現状のデータを把握すると，それに基づいて数年後の自社の従業員構成や育児や介護に携わっている従業員の比率などを予測することができます。予測された将来の状態は，働き方改革で何をすべきかを考える前提となり，また目的や重点テーマを設定する際に貴重な材料となります。何年度に育児休職取得者が全従業員のどれだけを占めるのかという具体的な数値は，働き方改革の取り組みの緊急度にも影響を与えます。

2. 労働時間管理（タイムマネジメント）

🔲 労働時間の「長さ」を把握する

　労働時間短縮は働き方改革の大きな柱ですから，この情報の把握は図表2－1の中でも最も重要なものの1つです。企業においては労働時間の把握が義務づけられていますし，実際に残業代の計算も行っていますので，当然のごとく把握されていると思いますが，労働時間の現状把握は，取り組みの実施後の変化がわかるように準備しておくべきです。

　労働時間の現状把握においては，時間の「長さ」と，その時間を費やして行った「業務活動」の内容の2つの把握が大切ですが，ここではまず「長さ」の把握について述べます。

　働き方改革の取り組みの1つとして労働時間短縮を取り上げる場合，現在の労働時間を把握した上で，月間○○時間短縮といった数値目標を掲げることになります。労働時間短縮を目指すのですから目標として数値をおくことは当然ですが，労働時間を正確に把握することは案外簡単ではありません。

🔲 働き方の多様化に伴う管理の難しさ

　第1章で述べたように，かつては従業員の働き方は画一的でした。全員が始業時に会社に出社し出社時間をタイムカードに打刻して仕事を始め，昼食時にはチャイムがなって休憩をとり，休憩終了時には再びチャイムがなって仕事を再開しました。外回りをしている社員も終業時には帰社してタイムカードを機械に差し込み，終業を打刻して退社していました。この時代は，「始業」「終業」時刻はタイムカードに打刻された時刻であり，この延べ時間から昼食休憩1時間を引いたものが実働時間となりました。

　しかし，現在では，多くの企業がフレックスタイム制を導入しています。フレックスタイムにおいては「始業」「終業」時刻は1人ひとり異なります。また，外回りをしている営業に対しては，会社に寄らずに自宅から訪問先に出向く「直行」や，訪問先から自宅に帰る「直帰」を認める企業が一般的です。最近では，訪問先近くにあるサテライトオフィスの活用を推進している企業も多いでしょう。このような場合には「始業」「終業」時刻の管理は難しくなります。

　さらに，第1章で述べたようにテレワークを活用する場合には，業務の合間に家事を行ったり，通院したりと柔軟に休憩時間をとることが可能なため，図表のとおり，「始業」から「終業」ののべ時間と実際に働いた労働時間が大きく乖離します（図表3-2）。

　働き方の多様性が高まったことにより，勤務時間帯，勤務場所，休憩時間も1人ひとり異なる時代になり，そのことが時間管理を複雑にしているのです。

図表3-2　テレワークを利用した場合の「始業」「終業」と「労働時間」（図表1-8再掲）

業務 開始　7：00 7：00		出社 10：00				退社 16：00		21：00	業務 終了 21：00
テレワーク	家事・ 食事等	移動 （自宅→ オフィス）	業務	昼食	業務	移動 （オフィス →自宅）	家事・食事等		テレワーク
1h			2h		3h				1h

始業＝7：00　終業＝21：00　のべ時間＝14：00　労働時間＝7：00　休憩他＝7：00

◻ 労働時間を正しく申告させる工夫

　企業には，客観的データを基礎に従業員の「始業」「終業」時刻を確認・記録することが義務づけられています。タイムカードの打刻に代わり，オフィスへの入退館データやPCの起動・停止データを「始業」「終業」時刻として用いている企業も多いでしょう。しかし，入退館やPCの使用時間が「始業」「終業」時刻と完全に一致しているとは限りません。

　全従業員の「始業」「終業」時刻を一律に把握することができない以上，従業員1人ひとりが労働時間を申告する必要があります。このため労働時間とはどのような時間を指すのかを従業員が正しく理解することが求められます。**図表3-3**のような簡単な説明資料を用意し，社内で広報・共有しておくべきです。

　また，労働時間かどうか判断に迷うケースもあります。そのため，自社の活動実態に合わせていくつか場面を取り上げ，誰でも確認できるように公開しておくといいでしょう（例えば，直行・直帰時の移動時間は通勤時間であるため労働時間に含まない，外出や出張時の移動時間は業務を行っていれば労働時間だが休憩していれば労働時間外など）。

　しかしながら，すべてのケースを取り上げることはできないため，**図表3-4**のような労働時間に対する基本的な「考え方」を示すことで，従業員が自分で判断できるようにするといいでしょう。会社や上司からの指示のもとに業務を行った時間は労働時間として捉えるのが一般的です。しかし，仕事の中には上司が事細かに指示を出すことがない場合も多くあります。各社の業務実態に合わせて，どのようなことが労働時間に該当するのかを従業員が自分で判断で

図表3-3　労働時間の定義

労働時間	・上司（会社）から指示・命令を受けて行った行為に費やした時間
労働時間とならない時間	・昼休み，雑談，休憩，私用外出，食事，その他自由に使用できる時間

図表3-4 労働時間の考え方の例

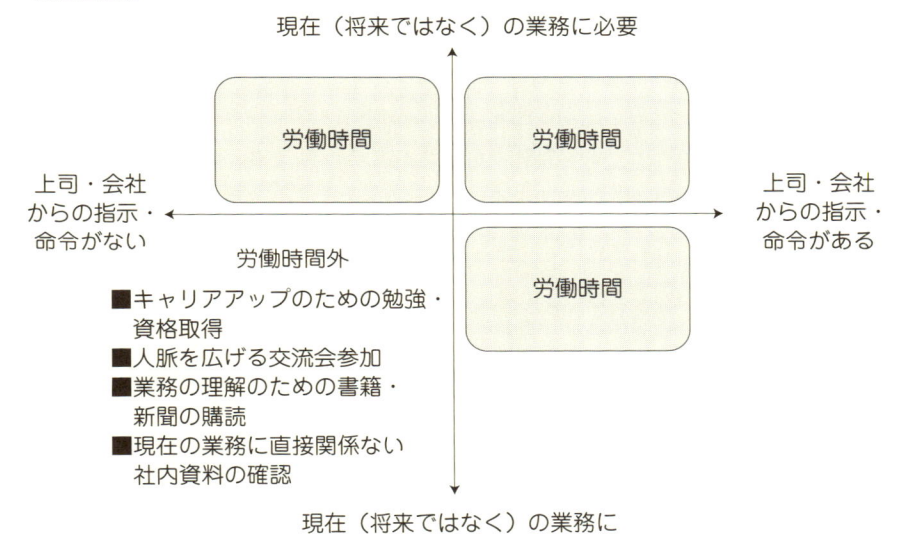

現在（将来ではなく）の業務に必要

労働時間

労働時間

上司・会社
からの指示・
命令がない

上司・会社
からの指示・
命令がある

労働時間

労働時間外
■キャリアアップのための勉強・
　資格取得
■人脈を広げる交流会参加
■業務の理解のための書籍・
　新聞の購読
■現在の業務に直接関係ない
　社内資料の確認

現在（将来ではなく）の業務に
必要ではない

きるように，考え方を示し，従業員に労働時間を正しく申告してもらうことが
重要です。

◻ 当社の例：労働時間管理

　当社の営業日は年間で240日であり，1日の労働時間を10時間とすると年間
で2,400時間となります。そのため，2004年より年間労働時間を2,400時間内に
収めることを目標として管理を行ってきました。毎月モニタリングを行い，長
時間労働の傾向が見られる従業員については上司に状況のヒアリングを行うな
ど長時間労働者の管理を行っています。また，2010年からは法令順守の観点で
労働時間管理を強化し，36協定の上限時間である年間労働時間2,440時間を順
守するための各種施策を実施しています。
　具体的には，各月の労働時間実績から各人の年間の労働時間をシミュレー

ションし，一定の労働時間を超えそうな人には，月単位で労働時間の計画（勤務計画）を作成してもらい，期限を定めて有休の取得を促します。勤務計画は，上司に依頼し，本人と相談の上作成してもらっています。

　また，労働時間管理は従業員の表彰制度にも組み込んでおり，表彰要件として，期末時点で一定の労働時間を超えている場合は対象外としています。これは，成果を出せばどれだけ時間をかけてもいいということを称賛せず，生産性高く仕事をしていく人を称賛するという労働時間管理を行う当社の考え方を反映したものです。

　さらに，2014年からは年間の労働時間目標に月間の上限労働時間も合わせて管理項目として追加しました。これに対応して月の半ばで労働時間をモニタリングすることを始めました。月間の目標を達成するためには，その月が終わってしまってからではアクションができないからです。

　労働時間の把握には，次項で紹介する勤怠管理システムを使用し，各人は労働時間を入力・申請し，上司が確認の上承認するというフローをとっています。労働時間の入力・申請を全社的に推進するためには，組織ごと，個人ごとの状況を確認することが必要となります。当社では，労働時間の入力率が芳しくない組織，個人を全社に公開し，日々の労働時間管理を働きかけています。

◻ 当社の例：勤怠管理システム

　当社はフレックスタイム制を導入しており，一斉休憩の適用除外の労使協定も締結しているため，始業・終業，および休憩時刻は各自異なります。営業職やコンサルタント職は，自宅から直接顧客先へ向かう直行や直帰も行っており，その直行前・直帰後のテレワークを認めています。さらには，営業やコンサルタント職以外の社員でも，自律的に仕事を進めるスキルを持つ従業員に対してはテレワークを認めていますので，従業員1人ひとりの労働時間とその労働時間をどのように使用しているのか（第6章で説明する「業務活動」）の把握は大変重要になります。

図表3-5　勤怠管理システム

	1	2	3	4	5	6	7	小計
PC起動	09：03	09：05	12：35	11：00	09：13	09：13		－
PC停止	18：17	22：01	20：15	20：42	18：07	22：32		－
始業	09：00	09：00	09：00	09：00	09：00	10：00		－
終業	18：00	22：00	20：00	20：00	20：00	21：00		－
のべ時間	09：00	13：00	11：00	11：00	11：00	11：00		－
実働時間	08：00	08：00	10：00	11：00	09：00	08：30		54：30
休憩他	01：00	05：00	01：00	00：00	02：00	02：30		
	1	2	3	4	5	6	7	小計
	月	火	水	木	金	土	日	
情報収集		04：15						
企画・資料作成	06：00	00：45	02：00		04：00			
提案		03：00	04：00		05：00			
納品				11：00		06：00		
会議	01：30		02：30		02：30			
面談マネジメント	00：30		01：30					

➡ 実働時間＝業務活動時間の合計

　当社では**図表3-5**で示すような勤怠管理システムを活用しています。従業員は毎日の業務を始めた時刻（始業），業務を終えた時刻（終業）および，業務内容別に費やした時間を入力します。毎日の労働時間（上表の実働時間）は各業務活動の合計時間です。個人が申請した内容は，上司が確認の上承認する運用としています。

　図表3-5の勤怠システム画面において，背景が白い箇所（始業，就業，各業務活動の時間）は個人で修正，入力が可能ですが，グレーとなっている箇所（PC（パソコン）起動，PC停止，のべ時間，休憩他）はシステム上で記録・計算される箇所であり，個人で入力・修正ができません。

　PCの起動・停止時刻は自動的に記録されますし，のべ時間は始業から終業までの時間です。そして，のべ時間から各業務活動の合計時間である労働時間を差し引いた残り時間が休憩他として表示されます。これらの自動反映数値は，労働時間を適正に把握するためのものです。労働時間の把握は基本的には各人の申請に基づいていますが，加えてシステム上で各人のPC起動・停止を把握

しています。

　例えば，**図表3-5**の場合，3日のPC起動は12：35ですが始業は9：00となっています。これは，訪問先に直行して業務を始め，オフィスに戻った時点でPCを起動させたことが想定できます。一方で，5日は，オフィスでPCは停止させた後に訪問先で提案をし，そのまま直帰したことが想定されます。

　しかし，6日のように，始業がPC起動時刻よりも遅い，もしくは終業がPC停止時刻よりも早いという場合は，実際は業務を行っていたのにもかかわらず過少申告をしている可能性があります。このようにシステム上で反映されているPC起動・停止時刻と，従業員が入力した時刻に乖離がある場合は，システム上で注意喚起を行います。

　また，のべ時間と労働時間の乖離が大きく，休憩他の時間が大きい場合も注意喚起を行います。当社はテレワーク制度を導入しており，また外回りの多い営業担当は移動中の休憩などもあるため，実態として休憩や移動にかかる時間が長くなることはありえます。しかし，恒常的に休憩他の時間が長すぎる場合は，労働時間が過少に申告されている可能性もありますので，この場合もシステム上で注意喚起を行います。

　このような時間乖離がある場合には，上司からその理由をメンバーに確認する必要がありますが，システム上でもその確認ができるよう，当社は勤怠管理システムにコメント入力欄を設けています。コメント欄は，メンバーが乖離した時間の状況を説明するために用いたり，上司がおかしいと思った場合に申請をメンバーに差し戻したりする場合に活用されます。

Part Ⅱ
働き方改革で何をするのか

Points

　Part Ⅰ で整理した，なぜ働き方改革を行うのか（WHY）の結論に基づき，次は「何をするのか」の検討に入ります。あれもこれもと細かな施策を議論する前に，まずは大きなテーマを決定することが重要です。

　Part Ⅱ では，働き方改革の「（重点）テーマを決定」し，「働き方の自由度向上」「労働時間の短縮」「知の交流の促進」といった各テーマに沿って，具体的に何をすべきなのか，何を考えるべきなのかを説明していきます。

第4章 テーマの決定

| 第1章　働き方改革ってなに |

Part Ⅰ なぜ働き方改革を行うのか （WHY）	Part Ⅱ 働き方改革で何をするのか （WHAT）	Part Ⅲ 働き方改革をどう進めるのか （HOW）
第2章 働き方改革の目的をおく 第3章 前提の把握	**第4章 テーマの決定** 第5章 働き方の自由度向上 第6章 労働時間の短縮 第7章 知の交流の促進	第8章 働き方改革の壁の乗り越え方 第9章 働き方改革を成功させる プロジェクト推進 第10章 人事制度への反映

Summary

　働き方改革で「何をやるのか」を決めるためには，まず大きなテーマを決定することが必要です。第2章で述べた目的に基づいた取り組みテーマを決めるにあたっては，課題や目的に向けた阻害要因を洗い出すことから始めます。

　抽象的な議論を積み重ねても具体的な取り組みは決まりません。

　第4章では，当社の事例を紹介しながら，課題の洗い出し方と課題を整理する際の観点例，テーマの決め方，KPI設定について述べます。

1. 課題，阻害要因の洗い出し

☐ 個人の意見を把握する

　働き方改革の目的が決まったら，次は具体的に何をするのかを考えます。働き方改革は範囲が広くどこから手をつけたらいいのかとても難しいのですが，まずは何をすべきなのか，課題を洗い出してみましょう。

　例えば，図表4-1のようなフォーマットを用意して，各人の意見を把握してみるといいでしょう。なお，このフォーマットでもそうですが，働き方改革は，今現在だけではなく，将来に向けて行っていく取り組みでもあるため，**現状だけではなく未来の状態を考えてもらうことが重要**です。

　第2章でも触れましたが，各人の働き方改革に対する問題意識はさまざまです。このようなフォーマットで複数人の意見を聞くだけで，いろいろな意見が出てくると思います。その人の指向・価値観やライフステージ，役職，職種，あるいはそのときの忙しさによっても意見は異なってきますし，出てくる意見の細かさもさまざまです。また，えてして**経営陣レベルが感じている課題と，現場の第一線で働いているメンバーの課題は異なっている**ことが多いものです。

図表4-1　各人の意見の把握

私の状態	理由 （時間／場所／就業形態／業務内容／価値観／その他，自由にお書きください）
①今の働き方に満足しています／いません	
②今の私にとって最高の働き方は，	
③10年後の私にとって最高の働き方は，	

小さな不満であろうとも，とにかくたくさん出してもらうことが，その後の施策検討には有益です。

▢ 個人の状況と意識の多様さ

　各人のライフステージにおける状況はそれぞれであり，またそれに対する意識も画一的ではありません。そのため働き方改革に対する各人の意識は多種多様です。そして，その意識は同じ人であっても，時期や年齢，そしてそのときの状況や気分によって変化するものでもあります。

　例えば，ある人は趣味や学習といった仕事以外のライフを充実させたいと思っているのに対し，ある人は仕事にもっと打ち込んで早く成長したいと思っています。小さい子どもがいる時期は育児に全力を注ぎたいと思う人もいる一方で，育児と仕事を両立することにやりがいを強く感じる人もいます。

　親族の介護が必要なため，仕事のペースを落としたいという人もいれば，介護にはお金がかかるため，こんな時こそたくさん働きたいという人もいます。さらに，仕事以外の活動といっても自分ではなかなか見つけられないので会社が機会を用意してくれたらありがたいという人もいれば，プライベートの時間まで会社に口出しされたくない，他の人の人生に干渉しないで欲しいという人もいます。

　このように指向や考え方，価値観はバラバラであり，そのどれもが間違ってはいません。そのため，会社が設定した課題や，良かれと思った施策が受け入れられなかったり，拒絶されたりということが起こるのです。どんな施策であっても，必ず誰かからは「それは違う，役に立たない」と否定される可能性があります。そしてその意見はもっともであり，その人にとっては自分の経験と立場から明白にその取り組みは意味がないと言い切れるものなのです。

◻ 課題が多様であることが働き方改革の最大の課題

　それぞれの人が認識する課題がバラバラだからといって，それにすべて対応していたらキリがありませんから，その中でも何に絞るのかが働き方改革のカギとなります。しかし，これは簡単なことではありません。課題が多様であることが働き方改革の最大の課題ともいえます。

　課題をあまりにも大きくくくってしまうと（例えば，課題は「生産性向上」であるとか），包括的すぎて具体性にかけるものになってしまい，絞り込む意味がありません。かといって，逆に細かくしようとすると簡単に二桁を超える課題設定がなされてしまい，総花的になって焦点がぼけてしまいます。

　絞り方の観点はいくつかあります。まず対象者です。育児や介護といったライフステージにおけるイベントにより勤務時間に制約がある人の状況は，そうではない人と明らかに異なります。そのため，これらを分けて課題を設定するというアプローチは有効です。しかし，この場合はどうしても制約のある人に注目が集まってしまい，制約のない一般の人が働き方改革の対象ではないと見えがちになることには注意が必要です。

　別の観点は課題を解決する組織・階層です。課題解決が各部署において実行されるべきものなのか，あるいは全社を挙げて部署横断で推進すべきものなのかによって課題を整理します。この分類は，施策を決定した後に実行するフェーズで効率的に進められるメリットがありますが，検討初期の段階ではどのレベルで進めるべきかわからない課題が多いため分類が難しいというデメリットもあります。

　さらに，時間軸の観点もあります。課題の中にはすぐに取り組めるものもあれば，時間をかけて検討が必要なもの，場合によっては大きなシステム投資が必要なものもあるでしょう。今期取り組むもの，来期以降に取り組むものとその時間軸によって課題を整理します。ただし，課題解決にかかる時間は施策まで検討してみないとわからない場合が実際には多いこともあります。

　加えて，取り組む課題の性質も観点となりえます。ルールの徹底，ムダの削

図表4-2 課題整理の観点

観点	分類例	特徴
対象者	制約のある人の課題と制約のない人の課題に分類	制約のある人に注目が集まりがち
課題を解決する組織・階層	全社レベル，事業部・部レベル，課以下レベルの課題に分類	施策実行フェーズで効率的だが，検討初期での分類が難しい
課題解決の時間軸	すぐに取り組める課題，1年程度時間をかけて取り組む課題，さらに時間をかけて取り組む課題に分類	実際には課題解決にかかる時間は施策まで検討してみないとわからないこと多い
課題の性質	ルールの徹底，ムダの削減，ITツールの活用，マネジメントの工夫といった施策レベルでの課題を分類	わかりやすいが，施策の視点が強くなるため，目的・課題の議論が希薄になりがち
重点テーマ	働き方改革の目的に照らして，やるべきテーマを設定して分類	抽象度が高いため設定が難しいが，働き方改革の目的に照らしてやるべきことが明確になる

減，ITツールの活用，マネジメントの工夫といった施策レベルでの分類をもとに課題を整理します。この分類はわかりやすいですが，施策の視点が強くなるため，目的・課題の議論が希薄になりがちです。

　最後のアプローチは，「重点テーマ」を設定するアプローチです。これは最もあいまいなアプローチですが，その代わりに融通が利くともいえます。その他の観点よりもやや抽象度が高いため設定の難度は高いですが，働き方改革の目的に照らして，重点的にこれをやるべきということを明確に示すことができます。

　図表4-2は，以上の課題整理の観点をまとめています。

2.　重点テーマの設定

◻ 当社の例：3つのテーマを設定する

　当社でも，働き方改革で何を行うのかを検討するために，**図表4-1**のようなフォーマットを用いて各部署を代表するメンバーの意見を集めました。そして，そのさまざまな意見を，第2章で紹介した働き方改革の一次的な目的である「社会体験の充実」のために重要なテーマは何かという観点で整理し，

　○ワークスタイル（働く時間と場所）の自由度向上
　○労働時間の短縮
　○知の交流と共創（社内外）の促進

という3つの重点テーマを設定しました（**図表4-3**）。

　1つ目の「ワークスタイル（働く時間と場所）の自由度向上」は，育児，介護，治療といったライフステージ上の制約と仕事との両立を図る上でも非常に重要なことから設定しました。育児や介護をしている人は職場にいる時間がどうしても短くなりますし，保育園・幼稚園や医療施設からの急な呼び出しが発生することも少なくありません。そのため，自宅や病院などどんな場所でも仕事ができることや，育児や介護によって仕事を一時中断した後に再開できるという時間の自由度があることが，業務を滞りなく進めるためには非常に有効です。また，制約のない人であっても，仕事以外の新たな時間の使い方を実現するためには場所，時間の柔軟性は重要でしょう。営業担当のように社外での業務が多い人に，いちいち会社に寄らずに仕事ができる状況を整えてあげることは生産性向上と労働時間短縮にもつながります。

　2つ目の「労働時間の短縮」は，言わずもがなですが，長い労働時間は身体的・精神的に高負荷であり，一部ではありますが，現在の労働時間では成長し

図表4-3　当社の重点テーマ

ワークスタイル（働く時間と場所）の自由度向上	・「育児，介護，治療といった制約と仕事の両立」，「制約のない人の新たな時間の使い方実現」，また労働時間の短縮のためにも，働く時間と場所の柔軟性が重要となる
労働時間の短縮	・長時間労働は，身体的・精神的に高負荷であり，中長期的な成長にも影響がある ・今後"ライフ""ソーシャル"の割合を高めていくと，"ワーク"は相対的に下げる必要がある
知の交流と共創（社内外）の促進	・顧客・ステークホルダーに向けて，新たな価値を創造し提供していくには，従業員の経験を豊かにし，活動の幅を広げることが重要となる

ていくための自己投資ができないという意見もあったため設定しました。また健康面への不安を感じるとの声もありました。現時点では問題ないが，同じような働き方を今後もずっと続けていくのは難しいという声も上がっていたため，早期に解決したいと考えました。加えて，今後社会体験の充実のための時間を増やしていくためにも，労働時間の短縮は重要であると考えました。

　3つ目の「知の交流と共創（社内外）の促進」は，顧客・ステークホルダーに向けて新たな価値を創造し提供していくためには，従業員の経験を豊かにし，活動の幅を広げることが重要となるはずと考えて設定しました。働き方改革の議論では，働き方を変えるのはいいが，変えた後に何を期待するのか，その後どうするのかという意見が必ず発生します。そのため，当社では仕事以外の社会体験の充実とその結果としての新たな価値の創造を設定したわけです。それを促進するための重点テーマが「知の交流と共創（社内外）の促進」です。

　このように述べると簡単に聞こえるかもしれませんが，実は当社でも，この3つの重点テーマを決めるのに約半年間かかりました。多くの課題があがるなかで，ああでもない，こうでもないと議論を繰り返し，悩みながらようやくここに落ち着かせることができました。

　議論の最初の段階から重点テーマが設定できれば，各部署から出てきた課題をそこに分類していけばいいだけなのですが，実際のところは課題を見つつ重

点テーマを決め，重点テーマを決めつつ課題を分類するという，同時並行的に進めていくプロセスをとらざるをえません。しかし，ここでしっかりとテーマ別に課題を整理しておけば，その後何を，何のためにすべきなのかということが明確になります。

⬜ 当社の例：重点テーマ別の課題

　図表4-4〜4-6は当社の従業員が感じている課題を重点テーマ別にまとめ

図表4-4　当社の重点テーマ別課題①「ワークスタイルの自由度向上」

育児	・子供の急な体調不良による保育園からの呼び出し対応で，早退したり，休むことがある ・平日の残業ができないため，突発対応で休むとリカバリーが難しい。しかし休日・深夜に業務をすると給与が割増しになるため罪悪感を覚える ・子供を平日昼間の習い事に通わせたいが，付き添いができないため諦めている。親としては子供に申し訳なく思う ・半日だけの学校行事の場合，通勤時間をなくせば半日の就業は可能なのだが
介護	・施設からの突発的な呼び出し，定期通院の付き添い，介護保険関連の手続き対応がある ・実家で生活面のサポートをする(買い物,食事,掃除)必要がある ・施設への入居費用，ケアサポート費用，入院費の支払いなど費用の負担がかかる 　※施設や実家は，遠方のこともある ・突然介護することになり，何から始めれば良いかわからない。さまざまな不安を抱えているが，周囲には相談ができない（いつまで続くか，状況が悪化していく，会社や周囲に伝えるかどうか，生活していけるか）
治療・通院	・定期的な通院で休むことに加えて,不定期に突発的に休むことがある ・入院，治療費の負担が大きい ・治療や投薬により，体調が万全でない状態になる／再発防止のために，無理のない働き方をする必要がある ・通勤はできないが，自宅での仕事はできることはある

※制約のある人を対象とした課題のみ

ています。

　「ワークスタイルの自由度向上」と「労働時間の短縮」に関する課題は現在困っていること改善したいこと，が中心なのに対して，「知の交流と共創の促進」はこれからやりたいことが中心です。このトーンの違いは，テーマの性質を表していると思います。

　ワークスタイルの自由度向上の課題の多くは，育児，介護，治療といったライフステージ上の制約がある人に関連することがほとんどなので，**図表4-4**では制約のある人を対象とした課題のみ取り上げています。やはり病院や施設からの突発的な呼び出しにも対応しつつ業務を進めるためには，働く場所と時間の自由度を高めることが重要であることがわかります。また，金銭面の負担に対応することや初期対応のための情報収集も大きな課題としてあげられてい

図表4-5　当社の重点テーマ別課題②「労働時間の短縮」

個人	・移動に時間がかかる ・資料印刷のための出社をする必要がある ・資料作成に時間がかかる（体裁を整えるのが大変） ・調べもの・資料探し・人探しに時間がかかる ・顧客の要望にこたえたい（要求に対して迅速に対応しないと受注できない，競合に負ける） ・担当変更の際に引き継ぎに時間がかかる（前任が頭の中だけで把握している，担当変更が多い） ・事務作業に時間がかかる（システムが多岐にわたっている，申請が手間，スケジュール調整が大変）
協働	・会議が長い（所要時間3時間ありきの設定，論点・目的が整理されていない） ・会議が多い（定例会・打ち合わせが多い，議論が積み上がらない） ・勉強会が多い（全部に出ていると時間がない，日中の勉強会が他業務を圧迫する，今必要ないものもある） ・プロジェクトが多い（目的やゴールがあいまいに見えるプロジェクトが多い） ・会議の開始時間が遅い（18時以降の勉強会が多い） ・メールが多い（無駄なCCがある） ・メールが長い（端的でない）

図表4-6　当社の重点テーマ別課題③「知の交流と共創の促進」

社外交流	・社外の人／競合／お客様（複数）と組んでのサービス・商品・事業開発を行う ・出向など人材交流する ・イベントでの協賛や協力会社とパーティなど交流機会を増やす ・ボランティア団体などをサポートする ・異業種交流会や同業・同職種の人との会合を開く ・有識者との対話の仕組みをつくる ・強制的な交流Dayを設ける（対外的には休日とする） ・社内会議室の活用を拡大する（社外と交流，展覧会の開催，テーマを設けた場の設定／貸し出し）
社内交流	・他部署を兼務する ・他部署の会議に出席する ・経営・他部門との対話の仕組みをつくる
学習	・業務に関連した学習の機会を提供する ・大学院，社外セミナーなどでの各自の自律的な学習を勧める ・事業と異なる領域のスキルを高める ・個人が専門性を高め，社外に発信する

ました。

　労働時間の短縮に関しては，移動，作業といった個人に関わることと，会議やコミュニケーションといった他者と協働する際の課題があげられており，両面からの効率化が必要であることがわかります（**図表4-5**）。

　知の交流と共創の促進に関しては，不満ではなく，新たにこうしたい，という意見が上がりました。中でも社外との交流を促進するさまざまな仕掛けを望んでいることがわかりました。また社内の交流や学習の機会提供も強化が望まれていることも表れています（**図表4-6**）。

3. 絞り込みの重要性

❏ やらないことを決める

　やるべきことを決めることはやらないことを決めることでもあります。目的

に照らして適切ではない課題は，この段階で排除あるいは先送りすることを明確にしておくことも有効です。

　例えば，働き方改革の目的を「労働時間短縮」としたにもかかわらず，新事業が生まれにくい，という課題が出てきたとします。もちろん，働き方改革を行って新たな事業が生み出されればすばらしいでしょう。しかし，新事業が生まれにくいという課題は，目的である労働時間短縮と直接関係するものとは言えません。このような課題を取り組むべきものとしておくと，最悪のケースでは，**働き方改革をすれば新事業が生み出されるはず，と幻想を抱く人が出てき**てしまいます。

　取り組みをしっかりと進めるためにも，**何に取り組んで何に取り組まないのかを明確にしておくに越したことはありません。**

◻ 当社の例：重点テーマを含めた全体像

　第2章でご紹介したとおり，当社は働き方改革の当面の目的を「社会体験の充実」としました。そして，社会体験の充実のための3つの重点テーマと合わせた働き方改革の全体像を**図表4-7**のように表しました。

図表4-7 　**当社の働き方改革の全体像**

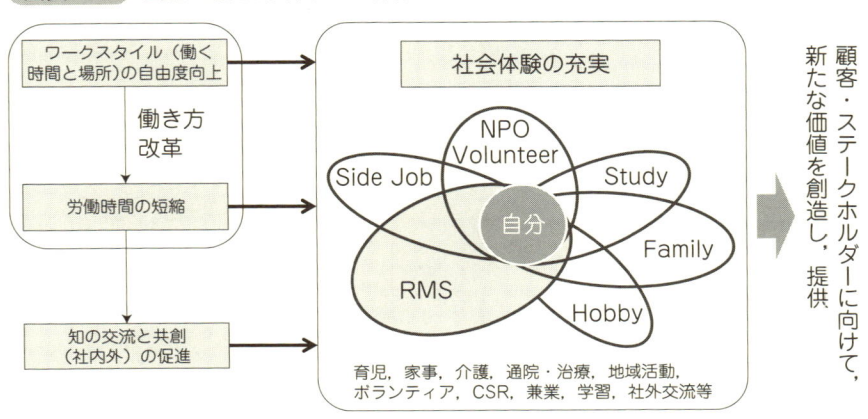

　当社にも，さまざまなバックグラウンドや指向を持つ多様な人材がいます。それぞれの人がプロフェッショナルとして成長し，新たな価値を生み出していくためにも，ワークスタイルの自由度を向上させ，労働時間を短縮し，あわせて知の交流と共創を促進することにより，社会体験を充実させるべきだとメッセージを発信したのです。

4. KPI・目標値の設定

◻ 数値化することの重要性

　課題が洗い出されたら，その課題が解決された状態になるとどうなるのかを数値的な目標として決めることもできます。あるいはその状態にいたるプロセスとして進捗確認するモニタリング指標，KPI（Key Performance Indicator：重要評価指標）を決めておいてもいいでしょう。

　しかしながら，課題が特定されたとしても，その課題を解決するための施策は多岐にわたることが多いため，施策を特定する前のこの段階でKPI・目標値をおくのは難しいことも事実です。

　実は，具体的な施策とKPI・目標値をどちらを先に決めるのかは，どちらもありえます。具体的な施策が決まらなければKPIはおけないと考える人もいますし，KPIがおけなければ具体的な施策を決められないという人もいます。

　いつ決めるにしても，**KPI・目標値は論理的に決定するのは難しく，どこかで「えいっ」と決めなければならない**ものです。例えば，最適な年間労働時間が2,400時間なのか，2,200時間なのか，2,000時間なのかなんて誰にもわかりはしません。女性の管理職比率にしても，人口の比率からすれば最終的には約50％なのでしょうが，当面のゴールを何パーセントにするのかは数式で導き出せるものではありません（参考：政府は社会のあらゆる分野において，2020年までに指導的地位に女性が占める割合を少なくとも30％程度とする目標を掲げています）。

大切なのは，KPI・目標値の意味を議論し，なぜそれをKPI・目標値とするのか，なぜその水準を妥当と考えたのかを合意することです。

⬛ 当社の例：KPI・目標値の決定

当社では，**図表4-8**に表す項目に関して目標値をおき，モニタリングしていくことにしています（2017年8月時点）。年間総労働時間については36協定で定める年間労働時間上限である2,440時間を超えないとするだけではなく，当面は全社員の90％が2,300時間以内を目標とすることとしました。100％としなかったのは，業務の繁閑や担当業務の状態により2,300時間を超えて働く従業員も一定の割合でいるだろうと想定したからです。

また，この労働時間目標を実現するための「有給休暇取得率」や「テレワーク利用率」についてもモニタリングしています。実はこの2つの指標についてはモニタリング対象とすべきかについて議論がありました。

有給休暇を取得することについては，総労働時間を削減する手段の1つですが，労働時間の短縮を毎日早く帰ることで実現する人もいれば，休日をたくさん取ることで実現する人もいます。どちらであっても労働時間が長くなければいいわけで，その削減方法は業務特性や個人の価値観によっても異なることが

図表4-8　当社のKPI項目案

年間総労働時間
有給休暇取得率
テレワーク利用率
女性管理職任用率
男性の育児休業取得率
育児，介護を原因とする退職者（の減少）
従業員満足度：「仕事だけの生活になっていないか」「自己投資の時間が確保できているか」

考えられます。そのため，有休の取得率だけをモニタリングするのはおかしい
のではないかという意見がありました。しかし，現在の当社の状況は政府目標
（2020年に70％）に比べ劣っていたため，最終的には「有給休暇取得率」をモ
ニタリングしていくこととしました。

　テレワークは，生産性をあげるための手法の1つであり，労働時間短縮・身
体負荷の低減，ワーク・ライフ・バランスの実現に寄与するものですが，やは
り生産性向上の方法は業務・個人の事情・価値観によって異なるため目標とし
ておきにくく，モニタリングするべきものではないという意見がありました。
しかし，何らかの目標をおかなければテレワークの意識は高まらないため，
「テレワーク利用率」はモニタリングしています。

　さらに，働き方改革の結果として「女性管理職任用率」や「男性の育児休業
取得率」も上昇していくことを想定し，これらをモニタリングしています。

　「女性管理職任用率」は，性別による差がない状態を示す数値ですが，男性
への逆差別ではないのかという議論もありました。しかし，当社の状況は政府
目標（2020年に30％）に比べ劣っており，また全社員の比率から考えても低
かったことから，上昇させたいという思いとともに数値を確認しています。

　「男性の育児休業取得率」は，ライフイベントと仕事の両立を示す指標です
が，個人の価値観にもよるため，目標とはしにくいという声もありました。し
かし，女性活躍推進のためにも重要であり，政府目標（2020年に13％）に比べ
劣っているため，数値として確認していくこととしました。また，育児のため
に通常の有給休暇を活用する人もいるため，これらの取り扱いをどうするかに
ついては検討中です。

　「育児，介護を原因とする退職者」をなくすことは，ライフイベントと仕事
が両立されている状態が実現できているといえるため，これが減少しているの
かをモニタリングしています。しかしながら，「育児，介護を原因とする退職
者」の中には，勤務を継続する希望のない人もおり，それらの人が退職するこ
とを防ぐ必要はありません。そのため，勤務の継続を希望しているのかしてい
ないのかの把握については課題として認識しています。

　最後は，当社で毎年実施している従業員満足度調査において，「仕事だけの生活になっていないか」「自己投資の時間が確保できているか」という質問に対する結果です。ワーク・ライフ・バランスの実現の度合いや，新たな価値を提供するために専門性を磨いているのかの実態を把握しています。

❏　参考：KPI・目標値項目としなかった主な数値

　一方で，図表4-9に示す項目は，当社で議論した上で，現時点では目標・KPIとしてはおきにくいと判断した項目です。これらの項目であっても，会社

図表4-9　KPI・目標値項目としなかった主な数値

項目	採択しなかった理由
マネジャー登用時年齢	• 登用年齢を早くすることに，働き方改革の文脈で積極的な意味がおけない，シニア・ベテランが頑張ることも重要であることから見送り
退職率	• 高すぎても良くないが，一定範囲内の退職率は健全な新陳代謝とも考えられ，高低いずれも，現時点では意味づけが難しいことから見送り
短時間勤務制度利用率	• 育児・介護離職を防ぐための施策の1つとして位置づけられるが，必要に応じて利用されている状態が望ましく，不要な人にまで勧めるものではない，目標達成のために施策を行うものではないため見送り
外国人従業員比率	• 採用時に国籍による区別は行っておらず，国籍に関係なく活躍することを期待しているが，外国人比率を高める事業上の必要性がそれほどないため見送り • 今後の事業計画により，指標として外国人比率をおく必要が出た段階で再考する
兼業・NPO・就学など，業務外活動をしている人の割合	• 社会との接点を通して視野を広げ，また，市場で通用する専門性を高めることは重要だが，目標として管理していくためには，本人からの申請が必要となる • 当社での業務に影響が出ないように，また当社と競合するような事業に従事しないように，兼業を行う人には申請を必須としているが，NPO・就学などの業務外の活動は個人の自由意思に基づくものなので，本人に申請を求め，会社が内容を把握する類のものではないため見送り

の状況によってはKPIとして有効なものもあると思います。参考までに当社が
KPIとして選択しなかった理由もあわせて記載しています。

第5章 働き方の自由度向上

第1章　働き方改革ってなに

Part Ⅰ	Part Ⅱ	Part Ⅲ
なぜ働き方改革を行うのか （WHY）	働き方改革で何をするのか （WHAT）	働き方改革をどう進めるのか （HOW）

	第4章 テーマの決定	第8章 働き方改革の壁の乗り越え方
第2章 働き方改革の目的をおく	**第5章** **働き方の自由度向上**	第9章 働き方改革を成功させる プロジェクト推進
第3章 前提の把握	第6章 労働時間の短縮	第10章 人事制度への反映
	第7章 知の交流の促進	

Summary

　働き方改革には，働き方の自由度を高めることが欠かせません。働き方の自由度には，働く「時間」の自由度，働く「場所」の自由度の2つがあります。「時間」の自由度を上げる施策としては短時間勤務やフレックスタイム制が，「場所」の自由度を上げる施策としては，テレワークやサテライトオフィス，フリーアドレスなどが代表的です。時間や場所の自由度を上げると，マネジメント手法やセキュリティルールなどを変えなければなりません。管理者の見える範囲に部下がいるという状況ではなくなるからです。

　この章では，働き方の自由度を上げる施策の具体例の紹介に加え，マネジメント手法の変化についても述べます。

1. 働く時間の自由化，短時間勤務制度

◻ 進化する法制度

働き方の自由度向上を進める1つ目のカギは「時間」です。

　時間の自由度を上げていくには，働く時間の長さや時間帯を選択できる，断続する（連続していない）労働時間を認める等の手段が考えられます。ここでは，働く時間の長さを選択できる短時間勤務制度について説明します。

　短時間勤務制度は，1991年5月15日の育児休業法成立により，子が1歳未満の従業員に対する選択措置義務（短時間勤務，フレックスタイム制，始業終業時刻変更などからいずれか1つを事業主が選択して措置する義務）として1992年4月1日より施行された法律に基づく制度です。その後，対象となる子の年齢を拡大する変更を経て，2010年6月30日（従業員数100人以下の事業主は2012年7月1日）の改正育児・介護休業法施行により，短時間勤務制度の導入が，事業主の義務として定められました。この法律は，男女ともに仕事と家庭の両立ができる働き方の実現を目指すものです。

　改正前の育児休業・介護休業法では，育児のための所定労働時間短縮措置にかかる事業主側の義務として，以下の①から⑥のいずれかの措置を選択すればよいとされていました。それが，改正により②短時間勤務制度の導入と⑤所定外時間外労働の免除が必須化されました。

　①育児休業制度に準ずる措置
　②短時間勤務制度の導入
　③フレックスタイム制の導入
　④始業・終業時刻の繰り上げ・繰り下げ
　⑤所定外時間外労働の免除
　⑥事業所内託児施設の設置もしくはこれに準ずる便宜の提供

　法律では，３歳に満たない子を養育する従業員が希望した場合に利用できる
短時間勤務制度（労働時間を６時間とする）を制度化することを最低基準とし
て定めています。**図表５-１**では法が定める短時間勤務制度の概要を示してい
ますが，これはあくまで最低基準であり，各社・各事業所においてはこれを上
回る制度を設けることが望ましいといえます。

　例えば，制度を利用できる期間を長くし，３歳を超えた子を養育する従業員

図表５-１　短時間勤務制度概要

概要	・事業主は，３歳に満たない子を養育する従業員について，従業員が希望すれば利用できる短時間勤務制度を設けなければならない ・就業規則に規定される等，制度化された状態にする（運用で行われているだけでは不十分） ・１日の労働時間を原則として６時間（５時間45分から６時間まで）とする措置を含むものとする
対象	以下のいずれにも該当する男女従業員（日々雇用および１日の労働時間が６時間以下の者を除く） ・３歳に満たない子を養育する従業員で，短時間勤務をする期間に育児休業をしていない ・労使協定により適用除外*とされた従業員でない ＊下記いずれかにあたる者 　①当該事業主に引き続き雇用された期間が１年に満たない従業員 　②１週間の所定労働日数が２日以下の従業員 　③業務の性質または業務の実施体制に照らして，短時間勤務制度を講ずることが困難と認められる業務に従事する従業員
代替措置	対象③に該当する従業員を適用除外とした場合は，下記いずれかの代替措置を講じる必要がある 　ａ．育児休業に関する制度に準ずる措置 　ｂ．フレックスタイム制度 　ｃ．始業・終業時間の繰上げ・繰下げ（時差出勤の制度） 　ｄ．保育施設の設置運営その他これに準ずる便宜の供与（ベビーシッターの費用を事業主が負担する等）
手続き	短時間勤務制度の適用を受けるための手続きは，就業規則等に定める。事業主は，従業員にとって過重な負担とならないことに配慮しつつ，育児休業や所定外労働の制限など，他制度に関する手続きも参考にしながら適切に定めることが必要

資料：厚生労働省資料より抜粋

にまで対象を広げる，勤務時間のパターンを5時間，6時間，7時間などから選択できるようにする，などです。

　一方で，法律では短縮された時間に対する処遇については定められていません。ノーワーク・ノーペイの原則に従い，短縮した時間に応じて，賃金を按分して支払うことや，賞与・退職金の算定にあたって短縮した時間分を考慮することは，不利益な取り扱いに当たらないと考えられています。実際，多くの企業が，短縮した時間に応じて賃金を減額しています。これ以外の対応としては，時間を短縮することにより担えるミッションが小さくなるとして，等級（グレード）を下げ，賃金の按分は行わないとする方法があります。ただし，この考え方は，法令に定める不利益取り扱いの禁止の対象となるリスクがあり，その適用には注意が必要です。

🔲 短時間勤務制度の導入実態

　今後，短時間勤務制度の利用はさらに浸透し，第二子，第三子をもうけながらの勤務継続や，男性の利用者が増えてくることも想定されます。現時点での短時間勤務制度を導入している企業での最長利用可能期間をみると，「3歳に達するまで」が最も高く59.7％，次いで「小学校就学の始期に達するまで」が19.8％となっています（図表5-2）。約4割の企業が「3歳以上でも利用可能」としており，法律以上の利用期間を設けていることがわかります。企業としては，短時間勤務者がいることを常態として，短時間勤務者も活躍・成長してもらえるような各種人事制度（昇進昇格・評価・人材開発など）を合理的に設計することが求められてくることになるでしょう。

🔲 当社の例：短時間勤務制度と各種人事制度の連携

小学校卒業まで継続可能

　図表5-3で示しているとおり，当社の短時間勤務制度は，①育児，②介護，③通学，④その他会社が認めた場合のいずれかにあてはまる従業員を対象とし，

図表5-2 短時間勤務制度の最長利用可能期間別にみた事業所割合

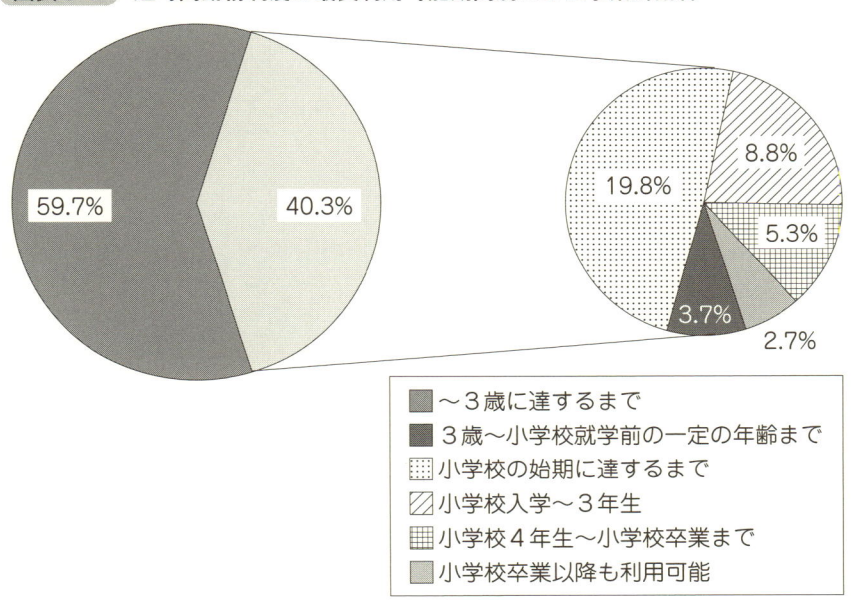

凡例：
- ～３歳に達するまで
- ３歳～小学校就学前の一定の年齢まで
- 小学校の始期に達するまで
- 小学校入学～３年生
- 小学校４年生～小学校卒業まで
- 小学校卒業以降も利用可能

注：常用労働者５人以上を雇用している全国の民営事業所のうち有効回答のあった3,958事業所を対象。
資料：厚生労働省平成27年度雇用均等基本調査　2016年７月

時間の制約が解消された場合は原則としてフルタイム勤務に戻ることを前提としています。①育児に関しては，子どもの小学校卒業まで活用が可能としています。勤務時間も選択を可能としており，半年ごとに変更を行うことができます。月例給与および賞与については，勤務時間に応じて支給されます。

　特に，育児で短時間勤務をする従業員は，子育ての段階によって勤務時間を変更する利用方法が一般的となっています。子どもが小さいときには，月120時間の短時間勤務を行い，子どもが５，６歳のときには月160時間の短時間勤務に変更するといった利用の仕方です。あるいは，一度フルタイム勤務に変更し，その後子どもが小学校に入学した時点で，「小１の壁」（学童保育に入れなかったり，保育園よりも保育時間が短いなどの問題）に対応するために再度短時間勤務に戻すといったようなパターンも見られます。

図表5-3 当社の短時間勤務制度

対象	手続	期間	勤務時間	給与・賞与の扱い
育児によりフルタイムで勤務することができない者	利用開始を希望する日の3ヵ月前に申請	子どもの小学校卒業までが上限	週の勤務日数を5日とし，月間勤務時間を次のいずれかとする。（ ）は1日の勤務時間 120時間（6時間） 140時間（7時間） 150時間（7.5時間） 160時間（8時間）	月間の勤務時間に応じて支給
介護によりフルタイムで勤務することができない者		二親等内の親族の介護が必要な場合，必要な期間		
高い専門性を習得するために大学院などに通学し，習得内容が一定条件に該当する者		卒業までの必要期間	週の勤務日数と月間勤務時間の組み合わせで決定する	
その他会社が認めた者		必要な期間		

　子育てと仕事の両立については，従業員によって状況（子どもの健康状態や支援体制など）はさまざまですし，子育てと仕事のそれぞれにどの程度の比重をおきたいのかも個人の価値観により異なります。このため，会社としては短時間勤務からフルタイムに早く戻すということは推奨していません。

　また，短時間であることと育児の状況も配慮した上で，仕事のアサイン（割り当て）においては「大変な仕事は任せられないだろう」といった根拠のない感情的な配慮はせず，期待を込めて仕事を任せて本人の活躍と成長を促したいと考えています。

　また，短時間勤務者であっても成長の機会を逸することのないように，いくつかの施策にも工夫を加えています。例えば，研修へのSkype参加を可能にす

るとか，従来宿泊が必要だった集合研修の宿泊を取りやめ，17時終了に研修プログラムを改定するといった対応です。その他，必要な際には延長保育料やベビーシッター代の金銭補助も行っています。

今後の課題

　今後の課題としては，事業責任者や，極端な例ですが社長が短時間勤務を活用した場合にどう対応するのか？　があります。短時間勤務者が組織の中で決められた職務を担っていたり，補助的な仕事をしていたりする場合には，勤務時間に応じて担うミッションの大きさが決まり（小さくなり），それに対応した（減額された）給与が支払われるという現在の制度で対応できます。

　しかしながら，事業責任者など，より責任が重く立場が上の人が短時間勤務を活用した場合，ミッションを小さくすることは現実的ではありません。例えば，短時間勤務者が営業部の部長になったとしても，その部門の売上目標を下げることは考えにくいからです。この点を解決するためには，時間に対して報酬を支払うという考え方に限界があり，今後変更していく方向で検討せざるをえないと考えています。

2. 法令も後押しする育児・介護関連休暇

◻ 急速に整備が進む法制度

　育児・介護に関する法令は，前項の短時間勤務制度だけでなく，休暇に関わる制度の拡大充実も図っています。2017年1月1日に施行された改正育児・介護休業法では，子の看護休暇・介護休暇の半日単位での取得や介護休業の分割取得が可能となり，パートや契約社員など有期雇用者の育児休業・介護休業の取得要件が緩和されました。子育てや介護をする人がより働きやすく，休みやすくなる環境がさらに整ってきています。

　一方で，実際の取得状況はまだ追いついていません。例えば，男性の育児休

業取得率は，2017年度に過去最高となっていますが，2.65％にとどまっています。育児休業期間は無給となるため，世帯収入を確保する観点や，夫婦の役割分担に対する価値観の違いもあるので，100％を目指すとまでは言いませんが，まだまだ低すぎる現状だと言えます。

　しかしながら，最近では育児に関する考え方も変わってきています。当社でも，若手の男性社員から「将来，自分も育児を行うのが当たり前だと思う」「育児休業はぜひひとりたい。会社からの後押しもあると嬉しい」という声があがっており，実際に育児休業を数ヵ月取得した社員からは，「仕事の段取りが変わった」「妻や子どもとの信頼関係ができた」など，前向きな声が寄せられています。育児休業を取得することがカッコいいという風潮は，望ましい流れだと思います。

　介護関連休暇は，これから取得が増えていくことが予想されますが，その中では，法律に定められた要件で対応できないケースも出てくると想定されます。現在の介護休業法では，「要介護」状態にある家族の介護が対象となっていますが，「要介護」の認定は各自治体の判断に委ねられています。実際には「要介護」にいたらない「要支援」のレベルでも，買い物や病院への定期通院などの外出や，食事の準備や掃除など日常生活を送る上での不便があり，サポートが必要な場合があります。これらのサポートをしている社員に対して，「要介護」でないから，介護関連休暇は使えないとするのは，制度の趣旨には合致しません。そのため，企業においては，実態と制度の目的を踏まえた制度変更や運用の組み立てをしていくことが必要です。

◻ 必要な職場の理解

　休暇取得を促進するにあたっては，休暇制度そのものに加えて，職場の理解促進，休暇を取得する風土の浸透，関連情報の充実，本人のスキル向上など，周辺施策をあわせて整えていくことがポイントとなります。**図表5-4**では育児・介護関連休暇の取得を促進するための職場環境の整理についてまとめてい

図表5-4　育児・介護関連休暇の取得を促進する職場環境整理

職場の理解促進	・育児，介護で，どのようなことが起こるかの一般的な知識 ・本人の個別状況の共有（子どもや要介護者の状態，必要な対応）
休暇を取得する風土の浸透	・会社としての休暇取得方針を明示 ・休暇取得者の割合や，担っている業務を踏まえたカバー要員の追加，業務体制の変更
関連情報の充実	・利用可能な制度・ルール／公的支援制度，しくみの周知 ・専門家による相談窓口の設置 ・関連サービスの紹介（保育・介護施設／シッター・家事支援サービスなど）
本人のスキル向上	・段取りスキルや計画性の向上 ・業務を属人化させずに，状況を開示しながら進める業務プロセスへの変更

ます。

　特に介護は，終わりが見えない上に，状況が良くなっていくことがあまりありません。この点が，従事する期間が見えやすく子の年齢とともに負担の減る育児とは決定的に異なっています。介護の必要が突然発生し，周囲に共有することもできず個人で抱え込み，辛い状態になることもあります。そのため，専門家による窓口の設置など，精神的な面でのサポートも行いながら，両立を支援する体制を整えることが重要になります。

3. 働く場所の自由化，テレワーク制度

◻ 導入が進むテレワーク

　働き方の自由度向上を進める2つ目のカギは「場所」です。オフィス以外の場所で働くことを認める動きとして，テレワーク（telework）があげられます。テレワークとは"情報通信技術（ICT = Information and Communication Technology）を活用した，時間と場所にとらわれない柔軟な働き方"を指します。呼び方は違いますがリモートワークも同様の意味合いで使われています。

> テレワーク（telework）：「tele＝「遠い，離れた」と「work＝働く」を合わせた造語

図表5-5 テレワークの形態

種類	就業場所
①在宅勤務	オフィスに出社せず，自宅で仕事をする
②モバイルワーク	施設に依存せず，いつでも，どこでも仕事が可能な状態なもの。顧客先，出張先のホテル，交通機関の中，カフェなど
③サテライトオフィス勤務	勤務先以外のオフィススペースを利用 自社のLANがつながる専用サテライト，数社の共同サテライト，レンタルオフィスなど

　図表5-5に示すように，テレワークはその就業場所により，主に，①在宅勤務，②モバイルワーク，③サテライトオフィス勤務の3種類に分かれます。外回りの営業が顧客先や移動中に業務を行う②モバイルワークは以前から，一般的だったと思います。これが，IT技術の進展や関連サービスの充実により，就業可能な場所は広がり，事務や企画といった内勤職種も利用可能になるなど，利用できる職種も広がってきました。

☐ テレワークの効果

　テレワークの効果は多岐にわたりますが，大きくは図表5-6に示す5つに集約することができます。「生産性向上」「ワーク・ライフ・バランスの実現」はもちろんですが，それによる「人材の確保」にも効果があります。また，非常災害時やパンデミック（広域での感染症流行）時においてオフィスで勤務ができなくなった際にも自宅やサテライトオフィスが事業を行う拠点となるため，「事業継続性（BCP）」の観点からも有効です。さらに，オフィスコストや，通勤・移動の「コスト削減」にも効果が期待できます。

　これらの効果は相互に影響する部分があり，さらに上位概念となる「ダイ

図表5-6　テレワークの効果

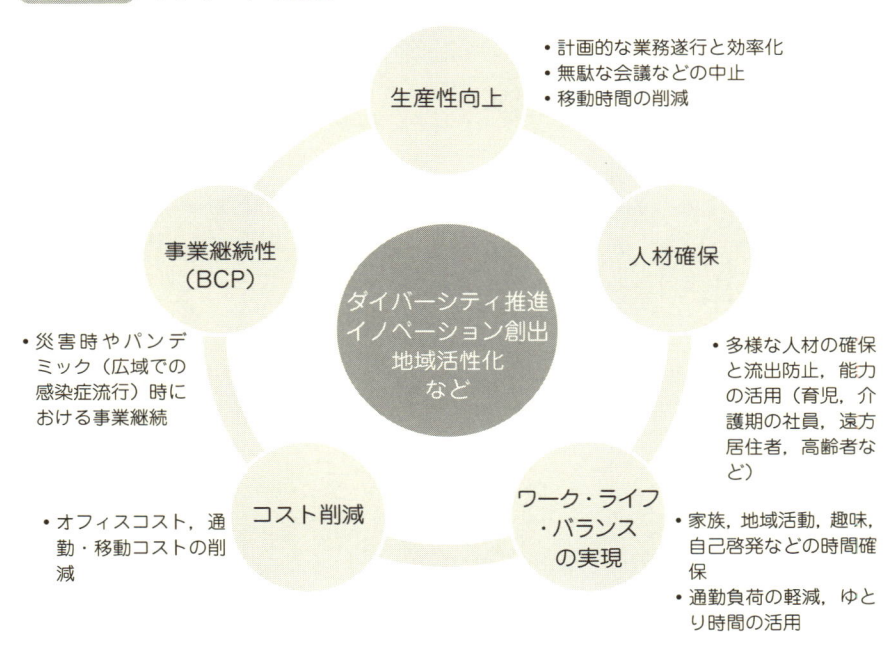

• 計画的な業務遂行と効率化
• 無駄な会議などの中止
• 移動時間の削減

生産性向上

事業継続性（BCP）

• 災害時やパンデミック（広域での感染症流行）時における事業継続

ダイバーシティ推進イノベーション創出地域活性化など

人材確保

• 多様な人材の確保と流出防止，能力の活用（育児，介護期の社員，遠方居住者，高齢者など）

• オフィスコスト，通勤・移動コストの削減

コスト削減

ワーク・ライフ・バランスの実現

• 家族，地域活動，趣味，自己啓発などの時間確保
• 通勤負荷の軽減，ゆとり時間の活用

バーシティ推進」「イノベーション創出」「地域活性化」といったテーマの実現を支える要素ともなります。視界を広げれば，通勤・移動の減少，オフィスの省力化による電力消費量やCO_2排出量の削減など「環境負荷の軽減」や労働人口減少に対する「雇用創出」というような社会全体への効果も期待され，企業にとってはCSRの文脈での効果も期待できます。

　企業にとって，多くの効果が得られるのは魅力的なことですが，ともすると，テレワーク導入の目的がぶれてしまい，従業員にテレワーク活用の趣旨が伝わらないということが起こりえます。または，テレワークを積極的に推進しようとするあまり，テレワークの浸透そのものが目的となってしまうこともあるかもしれません。**テレワークは目的を実現するための手段**です。さまざまな効果を理解した上で，「何のために」テレワークを導入・推進するかという目的を自社の戦略や状況に合った形で明確にし，それをぶらさずに浸透を図っていく

ことが重要です。

◻ テレワークが求める変化

　テレワークは物理的に離れた場所で働くことを前提としていますので，その導入にあたっては情報セキュリティ面でのリスク対応が必須です。機密情報・顧客情報を適切に管理ができない場合は，テレワークを行うべきではありません。書類やPCを外に持ち出すことになりますので，オフィス内の限られた空間で情報を管理する場合と比べて，紛失や盗難，覗き見など情報漏えいの可能性は高まります。総務省の「テレワークセキュリティガイドライン」などを参考にしながら，システム的なインフラ整備等の「技術」，セキュリティポリシーなどの「ルール」，社員への教育・啓発活動等の「人」の3つのバランスがとれた対策を検討すべきです。

　加えて，働き方が変わることに伴う労務管理，マネジメント面での見直しも必要になります。労務管理では労働時間管理の方法，労働災害への対応，評価制度などの見直しが必要です。週1，2日程度テレワークを行う程度であれば，現行の労務管理ルールを変更することなく進められる場合がほとんどだと思いますが，具体的な運用方法や考え方については検討が必要になる場合もあります。

　またマネジメント面では，テレワークの導入により，メンバーの仕事ぶりを目の前で確認できない状態となりますから，**テレワーク利用者にはより自律性が求められ，管理者もそれを前提としたマネジメントが必要**となります。図表5-7ではマネジメント面でテレワーク利用者と管理者に求められることをまとめています。

　テレワークを導入しやすい業務・職種，導入しにくい業務・職種はありますが，業務設計の見直しを行ったり，オンライン会議やチャットシステムなど，ITツールの活用に慣れることによって利用できる幅は広がります。個人の業務，協働者との連携する業務，人材育成などにおいて，対面で行うべきものと，

図表5-7　テレワーク利用者と管理者に求められること

利用者	・労働時間，体調を自律的に管理しながら，業務を行う ・業務の性質を見極め，オフィス勤務かテレワークかを選択する ・集中を要する企画検討／資料作成／単独でできる情報収集／学習はテレワークを活用し，関係者の多い会議，部下・後輩への指導はオフィスで行う，など ・前もって計画や段取りを行い，協働者とスムーズに連携ができるようにする ・業務上必要な際には，すぐ連絡がとれる体制にしておく
管理者	・業務の割当ての際に部下と目的，達成基準，責任範囲，期限などを明確に合意する ・適切なタイミングで報告を求め，業務の進捗確認や必要に応じた介入を行う ・対面機会を定期的に確保し，部下の体調や状態を確認する ・一部メンバーへの業務集中を回避し，相互の業務状況を共有しながらサポートし合える体制をつくる

対面でなくても差し支えのないものを精査して，テレワークを上手に活用していくといいでしょう。

当社の例：テレワーク制度

生産性向上を目的として導入

　当社では，2013年10月にテレワーク制度を導入しました。テレワークの導入目的は，「生産性向上」とおき，生産性をあげて総労働時間を削減することで，学習のための時間や新たな成長機会の確保へつなげることを狙いました。職種は問わず，自律的に業務を進めることができるとみなされる一定の人事等級以上の従業員であれば，上司の承認を得ることを条件に自宅でのテレワークを認めています。ただし，テレワーク導入以前よりモバイルワークを行っている営業・コンサルタントの短時間利用については，等級条件なく利用可能としています（図表5-8参照）。

　なお，協働を前提とする当社の特性を踏まえ，就業場所の基本はオフィスと

図表5-8 当社のテレワーク制度

利用形態	対象者
直行前・直帰後	【外出を前提とする職種】 全等級 営業職 コンサルタント職
終日・半日 週2回を上限	【オフィス勤務を前提とする職種】 一定等級以上 全職種

し，終日利用については日数上限を設けています。

　テレワークの導入を検討している他の企業から当社に問い合わせをいただくことがあります。その際によく出るのが「自宅でテレワークをしている場合，本当に業務をしているかどうかを，どのように確認するのですか？」という質問です。

　確かに自宅で業務を行っている社員の様子を会社から確認できるシステムも開発されています。また「在席」「離席」の状態を会社から確認できるようにしている企業もあります。しかし，自律して業務遂行ができる従業員のみにテレワークを認めている当社では，テレワーク中の従業員の様子を確認することは行っていません。自律できている社員であるならば，働く場所を問わず，どのように仕事をするのかは個人の裁量であり，適切な成果が出ていれば何の問題もないからです。

　ただし，テレワークは集中して業務ができる一方で，仕事の歯止めが利かなくなり長時間労働になる可能性があり，しかもその状況を管理職が把握しにくい点には注意が必要です。当社でも各自の適切な時間管理を求めています。

導入による効果

　テレワーク制度の導入にあたっては，テレワークを利用しない者への影響も含め確認するため，組織単位でトライアルを行いました。生産性向上・成果の質量・業務の進め方・協働者とのコミュニケーションなどの点で支障がないか

を確認したうえで，全社への導入を決定しました。制度の本格導入後の利用者アンケートでは，8割近くの社員が「生産性が向上した」と回答しており，上司の9割近くが「テレワークをする部下の生産性が向上した」と回答しています。経営会議をテレワークで行うといった上からの率先利用も行いながら，テレワークの延べ利用人数は順調に伸びています。

　一方で，全社導入に際しては，「新人や若手の育成がやりづらい」，「中途入社者が組織に馴染むのに時間がかかる」，「ちょっとした相談や雑談ができない」といった不安や懸念の声もあがりました。ただ，テレワーク導入以前からも外出や限られたメンバーによる会議などはあり，常に対面でマネジメントを行っていたわけではありません。これらの不安は，以前からも起こっていたものです。テレワークによってより問題となる事象が起きやすくなるということはありますが，上記の例であれば，「新人・若手と定期的に時間を取る」，「中途入社者の相談先をわかりやすくしておく」，「スカイプ（Skype）や電話でも気軽に相談する」などを行うことで対応可能なものです。テレワーク制度自体を問題とするのでなく，起きている事象1つひとつへの対応を進めています。

今後に向けて

　テレワーク制度の浸透と並行して，制度の修正も行っています。「申請手続きの簡素化」や「介護・育児や自身の病気・怪我などの事由がある者への上限日数の撤廃と等級制限撤廃」などです。また，別に紹介しているサテライトオフィスも活用しています。

　現在は，セキュリティの観点でオフィス外での印刷や，自宅以外の場所でのテレワークを積極的に認めてはいませんが，育児・介護をする社員からは，病院や施設，遠方の実家など，よりさまざまな場所で業務を行いたいという声も上がっています。今後，そういったニーズのある社員が増える見込みであり，これに合わせて制度の見直しは進めていく予定です。

　一方で，同時に，テレワークよりオフィス勤務のほうが，仕事がやりやすいという社員もいるのが現実です。そのために，利用率を一律に上げていく目標

をおく予定はありませんが，活用状況はモニタリングしています。従業員が必要なときにはいつでも手段として使える状態になることを目指し，制度緩和や手続きの簡素化，テレワークという働き方に慣れるための施策を進めていく予定です（なお当社は，一般社団法人日本テレワーク協会における第15回テレワーク推進賞，優秀賞を受賞しています）。

4. 働く場所の自由化，フリーアドレス

🔲 固定席を廃し，協働を促す

　働く場所の自由度の向上はオフィスの外だけの話ではありません。オフィス内での働く場所を自由にするのが最近流行のフリーアドレス，またはActivity Based Workplace（ABW）と呼ばれるものです。フリーアドレスは社内での協働と知的創造の促進に有効であるとされ，フリーアドレスのオフィスにおいては，社員1人ひとりがそのときの業務（アクティビティ）に適切な場所を，その都度選びます。

　フリーアドレスは席を固定しないということですから，部署を超えたコミュニケーションが活発になります。また，業務に関係する人が簡単に集まって業務ができるため，協働も促進されます。さらに，そのときに応じて適切な場所において業務を推進することによる業務生産性の向上やリフレッシュ効果も期待されます。加えて，オフィススペース全体の活用効率の改善とそれに伴うコスト削減効果，紙資料の削減やそれに伴うセキュリティの向上も期待できます。

　ただし，フリーアドレスには，テレワークと同様に1人ひとりの自律性が求められます。これまで当然のものとしていた「みんなが同じ場所で同じ時間に働いて成果を出す」というパラダイムから脱却し，**「自律した1人ひとりがそれぞれに成果を出す」ことを容認し，信頼する姿勢を持たなければなりません。**

◻ 当社の例：フリーアドレスの導入

社長・役員もフリーアドレス

　当社の本社では2016年から固定席・固定電話を完全に廃止し，社長・役員を含む全従業員を対象としてフリーアドレスを導入しています。この際に仕事にあわせて自由に使える空間を作り，部署間のコミュニケーションの増加や集中作業の効率化を実現し，より自律的な働き方ができるオフィスを目指しました。

　ただし，全管理者や各部スタッフの意見等を取り入れ，フリーアドレスではあるものの，緩やかな部門別ゾーニングを設定しました。部門（職種）ごとの使いやすさを想定してレイアウトを設計し，1人ひとりが，強制はされないけれども，結果的に「自律的に」その部門の人が使いやすいゾーンに集まるようにしたのです。担当する業務に応じて使いやすいゾーンを選択すると，結果的に座るエリアはおおよそ部門別になるという状態を目指したのです。

　具体的には，システムやスタッフの多い部署ゾーンにモニター席を多く配置したり，研究・開発部門ゾーンにパーテーションを立てた集中ブースや書籍コーナーを配置したりと，**部門・職種の行動分析をもとに各部門特性に合わせて什器等の配置や形状を工夫**しました。また，想定した部門のゾーンの近くに，その部門のストレージ・ロッカーを配置することで，同じ部門のメンバーの動線を近づけるようにしました。

　部門別ゾーニングといっても，ゾーンごとに明確な仕切りがあるわけではありません。むしろ，部門間の偶発的なコミュニケーションを闊達にするために，大広間的な仕切りのない空間に，正方形，長方形，雲形の共有机，小さくて移動が可能なホワイトボードを配置し，あえて執務スペース内の動線を不便にしています。集中ブースもパーテーションはあるものの個室ではなく，開放された空間です。心理的にも空間的にも閉塞感をなるべく減らし，コミュニケーションが必要であれば，すぐにその輪に入ることができるようなさまざまな工夫をしています。

新ツール・ルールの設定

　また，新オフィスでの変化（フリーアドレス化など）と，それに伴う課題・不安を全管理職層が集まる会議で出し合い，オフィス利用ルール作りの指針としました。例えば，フリーアドレス化によって生じる「誰がどこにいるのかわからない」という問題に対処するために，「お互いの居場所をわかりやすくする」工夫は必須と判断しました。そこで大きな名札を用意し，着席時にはPCあるいは座席に着用することにし，少し離れた位置からもどこに誰が座っているのか確認できるようにしました。

　また，チャットツール（Skype for Business）に居場所（ゾーン・エリア）を記入することにしました（**図表5-9**）。ちょっとした問い合わせはもちろんチャット機能をそのまま使ってもいいですが，各人がだいたいどのあたりにいるのかわかっていれば，必要に応じて簡単に声をかけることができます。

　なお，当社ではオフィスの場所（エリア）をオーシャン，スカイ，フォレス

図表5-9 チャットツールへの入力

トといった名称で分割しており，それぞれエリアカラーを設定して（オーシャンであれば濃いブルーなど），自分がどのエリアにいるのかわかるようにしています。

　オフィスマナーについても今回を機に改め，**図表5-10**のように広報しています。せっかく席を自由にしたのに，結局いつも同じ人が同じ席に座っているという会社もあるようですが，当社ではフリーアドレスを形骸化させないために，席を1つずれるだけでもいいので，前日とは異なる席に座るようにしています。

　また，1時間以上席を離れる場合には，荷物を置きっぱなしにしないことにしています。**フリーアドレスとはつまりデスクシェアですので，1人ひとりがマナーよく使わなければなりません。**自分の席であれば，多少の汚れは気にしないかもしれませんが，共用の席では常にクリーンな席にすることも心がけて

図表5-10　当社のオフィスマナー広報

オフィスマナーについて

社内エリア利用ルール

🚫 **席の固定化はNO!**
その席に座りたいと思っている人が他にも居ますよ。
毎日違う席に座ってみましょう！

🚫 **座席の確保もNO!**
目安1時間以上席を離れる場合，荷物を置きっぱなしにしないようにしましょう。
他の人の席を確保することもやめましょう。

🚫 **汚しっぱなし，使いっぱなしはNO!**
次に使用する人のために，席を立つ前に綺麗にしましょう！
使ったものは，必ず元の場所へ戻しましょう。

🚫 **集中スペース付近はお静かに！**

います。

　フリーアドレスの副次的効果としては，入社や組織変更時の柔軟な対応が可能となったことがあります。これまでは増員のたびに席を増やし，オフィス全体のレイアウトを変更するといったことが必要でしたが，フリーアドレスの導入によりこの必要がなくなりました。

　また，スタッフも含めた全員がデスクトップPCからノートPCに切り替え，固定電話の機能はiPhoneに搭載しました。通信・IT環境をすべてポータブル化したことで，オフィス内の自由度だけでなく，テレワークの利便性もアップすることができました。

　さらに，固定席を廃止したことと，オフィス内のIT設備（プリンタ等）の改善と紙削減を推進したことで，機密情報・個人情報を記載した紙資料の放置がなくなり，セキュリティ強化につながっています。

　フリーアドレス導入後にアンケートを実施したところ，オフィスへの満足度は移行前より高くなりました。もちろん社員からはいろいろと意見は出ますが，これまでのところフリーアドレスへの移行はうまくいっているのではないかと考えています（なお当社は，公益社団法人日本ファシリティマネジメント協会における第11回日本ファシリティマネジメント大賞，奨励賞を受賞しています）。

5.　変わるマネジメント

　1人ひとりの居場所を規定しないテレワークやフリーアドレスを導入すると，必然的に部署内のコミュニケーションが少なくなります。そのため，管理職にとっては，部下の状況を見ながら業務の進捗を評価・判断し，その場に対応するようなマネジメントだけではなく，部署の戦略や，やるべきことを組織に明示し，取り組みを決めてアサインし，スケジュールに落として管理するという，より精度の高いマネジメントを行うことが必要になります。

　当社では，フリーアドレスを導入した結果，帰宅時間が早くなったという声

もありました。たとえ気にしなくてもいいと言われたとしても，自分より遅くまで残って仕事をしている上司や先輩が近くにいれば，退社しにくいと感じる人はいるものです。実際に内閣府が行った調査でも，「労働時間が長い人は，『上司や同僚が残業をしている人にポジティブなイメージを持っている』と感じている」という結果が出ています（「ワーク・ライフ・バランスに関する個人・企業調査」平成26年5月，内閣府男女共同参画局仕事と生活の調和推進室）。

部下の状況を細かに把握することはもちろん重要です。また，片時も目を離さずメンバーを育成することが重要な時期ももちろんあるでしょう。しかし，さまざまなバックグラウンドと指向を持つ多様な人材が活躍する現在の職場環境では，そのようなマネジメントがいつも可能ではなくなっている現実もあります。

やはり，「なんとなく帰りにくい」雰囲気を作り出す「みんなが同じ場所で同じ時間に働いて成果を出す」というパラダイムから脱却し，「自律した1人ひとりがそれぞれに成果を出す」マネジメントに舵を切ることはもはや不可避なのです。

◻ 当社の例：MV戦略マップ

全社が一体となって，立案された計画の達成に向かうためには，各組織・部署において全社レベルや上位組織の計画や戦略がブレイクダウンされ，それぞれが何をすべきかが明確になっていなければなりません。また，ゴール，戦略，テーマ，取り組み，その進捗を表す指標KPIを明らかにすることで，戦略は目の前の取り組みへと落とし込まれた実行プランになります。なぜ，何を，どのように，が明らかになることで，各組織のメンバー1人ひとりが動き出せるのです。

当社では経営，各部署，現場をつなぐマネジメントツールとして「MV戦略マップ」と名付けた全社統一のフレームワークを用意し運用しています（図表5-11）。

図表5-11 **MV戦略マップ（経営企画部の例）**

部 M・V	「我々は，ビジネスの観点を持ち，各部に働きかける戦略スタッフである」ことを役割とし， 「専門的なスキルをもって，会社の『今と未来』を正しく示す」ことを実現するために存在する		
戦略 コンセプト	機能の責任を果たすと同時に，新たな経営ステージに向けた 「経営企画部」としての取り組みを具現化する		
セグメント別 勝ち筋	やるべき業務は当たり前のように行い，さらに強化する	オフィス移転を機会と捉え，働き方を変える	未来に向けた事業と組織を作る
取り組み	• 事業モニタリングの定常化 • 新人·キャリア新人育成 • セキュリティ強化対応 • 新会計システム開発	• 新オフィス環境検討 • 紙削減などのオフィスルール，マネジメント施策の決定と浸透 • テレワーク拡大検討	• 新規事業開発案件の選定と推進 • 業務改善案件の実現 • 多様な人材を生かす仕組み検討開始 • CSR施策の見直し
KPI	• 新会計システム4月カットオーバー	• オフィス移転完了 • 移転後の従業員満足度の向上 • 先進的な事例としての内外からの認知獲得（移転後） • テレワーク利用数増加	• 新規事業推進案件の発生 • 多様な人材を生かす全体像の提示
学習	• お互いの仕事の理解を前提に，経営視点を引き上げる • 部会を活用しバリュー行動を促進する		
育成	• 部横断プロジェクトを通じた複眼的な評価・育成を行う • 業務のマニュアル化と異動者の引継ぎ，立ち上げを同時に行う • 経営企画部人材像と整合した，経営管理ゼネラリストを目指した勉強会（経営企画塾）の企画・実施		

　MV戦略マップは組織のミッション（M），ビジョン（V）から戦略や組織としての取り組みまでを要約したフォーマットであり，当社のマネジメントの共通言語といえるものです。

6. IT，セキュリティの重要性

☐ 必要なセキュリティ・コスト・全社適応性

　働き方の自由度向上のためにはITツールの充実が欠かせません。社外で働く際には社外から社内のデータに安全にアクセスできる仕組みが必要になります。しかし，その際には，特定の人からのみアクセスが可能で，仮に社外で通信端末が盗難にあったとしても，機密情報が漏れないといった状況を用意しなければなりません。

　また，遠隔地にいる人とのコミュニケーションを円滑・タイムリーに行うためのコミュニケーションツールも必要です。しかし，これも特定の人以外がアクセスできないようにし，セキュリティをしっかりと守らなければなりません。

　このように，**一般的に働き方の自由度を高めることは情報セキュリティの観点からは望ましくないことが多い**ものです。機密情報を故意に持ち出すことを完全に防ぐことだけを考えれば，セキュリティルールを強固にし，働く場所や

図表5-12 働き方の自由度を高めるITツール検討の観点

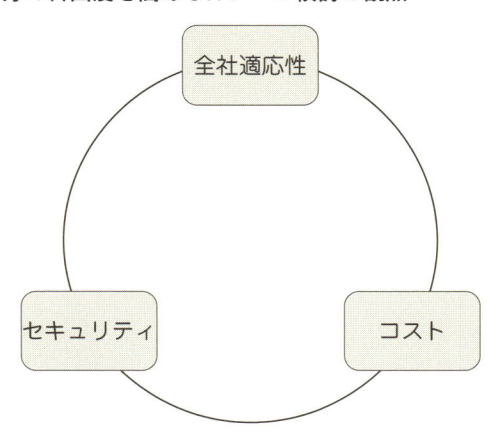

時間を制限したほうがいいからです。

　セキュリティレベルを保持しつつ生産性を高めるようなITツールは，どんどん取り入れていけばいいでしょう。しかし，その際にもシステム担当部署においては，「セキュリティ」，「コスト」，「全社適応性」の３つの観点は必ず押さえておかねばなりません（**図表5-12**）。

　最近では新たなツールが次から次へと出てきますが，セキュリティ上脆弱なものも少なくありません。また既存のシステムにおいても，バージョンアップに伴ってセキュリティ対応レベルが下がってしまう場合もあります。個人情報のみならず，顧客や取引先の機微（センシティブ）情報の取り扱いには細心の注意が必要であり，情報漏えいは企業にとって大きなリスクであることは言うまでもありません。便利だからといってすぐに導入するのではなく，その安全性にも常に気を配る必要があります。

　また，新たなツールの中には無料で使用できるものも増えてきましたが，全社的に導入する際には思いのほかコストがかさむこともあります。全社に与えるセキュリティ面への影響と合わせて，コスト面への影響も考慮すべきです。

❏ 全社最適の観点が必要

　ツールによっては，一部の部署に適切であっても他部署には効果がないといったこともあります。導入当初は小さな組織やプロセスにおいてトライアル的に導入し，その結果をもって全社的に導入を行う企業もあると思います。しかし，**一部に有効なツールが全社的に有効である保証はありません**。例えば，エンジニア用に開発されたツールは当然エンジニアの人には使い勝手がよいものです。だからといってそれが全社的にいいものかどうかは別の話です。そのような場合には無理に全社展開を行うのではなく，必要で便利になる部署にだけ，そのシステムの使用を認めればいいのです。

　また，**システムの切り替えに伴うストレスを過小評価してはいけません**。新しく可能になる機能ばかりに目を向けると，新たなシステム導入に伴ってこれ

まで使っていた機能が使えなくなる影響を軽視しがちです。新たなシステムを導入し，新たな機能が追加されたが，全体で見ると生産性が下がった気がする，ということはよくあります。**全社にシステムを導入を検討する際には，システム部門は全社への適応性を冷静に判断する必要があります。**

7. 既存制度の啓蒙

◻ 既存制度の利用促進

　働き方の自由度をあげるためには，新たな施策を検討することに注目しがちですが，既存施策や制度に対して行うべきこともあります。

　1つは，制度の主旨や内容を改めて広報し，活用を促すことです。多くの企業には，育児や介護で利用できる数日間の休暇や，リフレッシュのために利用できる長期休職制度がすでにありますし，一定の制限はあるものの兼業や副業を認めている企業も増えてきています。これらの制度は制定時には広く広報されることが普通ですが，実際に活用される頻度は，想定よりも低かった，というケースもあります。

　当社でも，人事制度・施策はすべてイントラネットに掲載し，従業員全員がいつでも見られる状態になっていますが，「祖母の世話でも介護休暇は使えるんですね」とか，「今の人事制度でも，想像以上に自由に働くことができるんですね」といった声が出ます。

　制度そのものがあっても，実際に利用している人が身近にいないと，活用することを思いつかないものです。そのため，活用例を活用した人の感想・インタビューなどとともに社内で広報するといいでしょう。すでに利用できることは積極的に啓蒙して活用を促します。

⬜ 活用のハードルを下げる

　広報することに加えて，制度活用のハードルを下げることも重要です。多くの会社ではさまざまな人事制度を活用する際に，従業員に申し込み＝「申請」をさせ，それに対して会社側が認める＝「承認」というフローをとっていると思います。短時間勤務や育児休職・介護休職，テレワークなどの制度利用だけではなく，深夜残業，休日勤務，あるいは海外出張などの際にもこのフローは広く取り入れられていると思います。

　このフローは各制度の活用状況を把握するためにも必要なものですが，過度に管理的になってしまうことには注意が必要です。「申請→承認」というフローの前提には，申請しても認められるとは限らない，という意味合いがあるからです。このため，このフローは「規制」的性格を持ちます。

　しかし，働き方の自由度をあげていくことは，従業員の自己裁量を拡大することでもあります。**状況を把握するだけであれば，「申請→承認」ではなく，活用を報告させるだけでも十分です。**

　せっかく働き方の自由度を高める制度なのですから，できれば気軽に使えるように活用のハードルを下げておくべきです。申請させて，承認して，管理するというフローの必要性を見直し，制度の活用を促しましょう。

第6章 労働時間の短縮

第1章 働き方改革ってなに

Part I なぜ働き方改革を行うのか （WHY）	Part II 働き方改革で何をするのか （WHAT）	Part III 働き方改革をどう進めるのか （HOW）
第2章 働き方改革の目的をおく 第3章 前提の把握	第4章 テーマの決定 第5章 働き方の自由度向上 **第6章 労働時間の短縮** 第7章 知の交流の促進	第8章 働き方改革の壁の乗り越え方 第9章 働き方改革を成功させる プロジェクト推進 第10章 人事制度への反映

Summary

　労働時間の短縮は，働き方改革の中で最も注目を集めるテーマです。業務量が変わらないことを前提とすると，1人当たりの業務遂行に必要な時間を短くするには，増員するか，もしくは担当者の能力を向上させることが必要です。能力開発は，いわば労働時間短縮施策の王道ですが成果が出るまでには一定の時間がかかります。一方で仕事の進め方を改めて確認し，ムダな工程を排除することで業務量が削減され労働時間が短縮できます。働き方改革は長い時間をかけた取り組みです。即効性のある施策と，本質的ではあるが効果が出るまで時間がかかる施策の両方に取り組むべきです。この章では実際に当社で行っている取り組みを中心に，両方の施策について述べます。

1. 会議時間の短縮・会議の削減

◻ 当社の例：会議・打ち合わせの効率化

　会議や打ち合わせは1人ではなく複数名で行うものですから，この効率化は全社的な労働時間削減に大きな効果が期待できます。会議の効率化については多くの書籍も出ていますが，ここでは当社の取り組みを紹介します。

　顧客企業の人材・組織のマネジメント課題の解決を事業とする当社では，他部署と協力して複雑な課題を紐解き，ソリューションを考えることが日常的に行われています。そのため，社内の会議・打ち合わせの時間が多く，ある年の労働時間を分析したところ，会議が総労働時間の14％を占めていることがわかりました。これは1日当たりに換算すると約2時間となります。

　また，「無駄な会議が多い」，「立ち話ですむことをスケジュール調整して形式的な会議にしてしまう」，「事前の共有や準備がない」，「論点が設定されていない」，「会議の種類（「情報共有の場」「議論の場」「合意形成の場」のいずれか）が曖昧」といった声もあがっており，会議の生産性を向上させることが大きな課題でした。

　そのため，労働時間短縮と，会議・打ち合わせの効果・効率性の向上のために，図表6-1に示す6項目からなる会議・打ち合わせのガイドラインを設定し，全社で徹底していくことにしました。

　ガイドラインの1つ目の項目は「段取りに注力する（Preparation）」です。会議で議論したいことが整理されていなかったり，必要な情報が収集されていなかったりすると，せっかく会議を開いてもその目的が達成できません。会議で話す題材となる情報や資料はできる限り事前に整理し，共有しておき，他の参加者もそれについて準備してきてもらうことが有効です。

　2つ目は「必ず議事録を残す（Record）」です。**会議で決めたこと，合意したことでも，案外忘れてしまうもの**です。定期的に行うプロジェクトの打ち合

図表6-1　会議・打ち合わせのガイドライン（PRIME GOAL）

	概　要
Preparation 段取りに注力する	• できる限り，情報を事前に共有しておく／一読しておく • 当日確認したいこと・議論したいこと，参加者からの想定質問を考えておく（可能なら事前に伝えておく） • 当日，必要になりそうな資料を準備しておく
Record 必ず議事録を残す	• 人は，思っている以上にすぐ忘れてしまうもの。思い出す時間がムダ • 議事録に残すためにも，会議終了5分前に，議論した内容を振り返る • 細かく書く必要はなし，「結論」「次のアクション」は必ず残しておく。可能であれば，「保留事項」「（結論・保留の）経緯・理由」も
Issue 論点をおく	• ゴールを実現するために，この会議・打ち合わせで，議論・合意する必要がある問いを用意する • 事前に参加者の意見がわかる場合は，「共通点」「対立点」「曖昧な部分」を整理しておくと進めやすい • 議論の最中にも，論点を整理・確認しながら進める
Minimum 時間・人数を 最小限に絞る	• 設定した時間いっぱいまで，会議終了をのばさない • 1時間をデフォルトにしない。設定も15分単位を意識する • 参加者選びではとりあえず同席，ではなく，考えて絞る（そのほうが議論しやすい） • 発言しない・議事録をとらない人は，基本的に参加しなくてOK
Estimate 時間配分を 見積もる	• どの順番で何について話すのか，それぞれどのぐらい時間をかけるかを見積もる • 詰め込み過ぎず，少し余裕をもって見積もるのがポイント • 当日の流れで変更することはあるが，進め方の流れはつくって共有しておく
Goal ゴールを明らかに する	• この会議・打ち合わせの目的は，「共有」「議論」「合意」のいずれなのか，を明らかにする • そして，この会議・打ち合わせが終わったときに，どういう状態に持っていくことを目指すのか，を明らかにする • 当日，冒頭に確認・合意する

わせなどでは，前回話した内容が曖昧だと，次の会議でそのリマインドに時間をとられてしまうという無駄が生じます。また，結論は覚えていても，他の人

と微妙に認識がずれているといったことはよく起こります。そのため，会議の最後には必ず**振り返り**を行い，合意したことや次回までの検討事項について，参加者間で確認することも重要です。

　3つ目は「論点を置く（Issue）」です。会議で議論すること，論点がはっきりしていないと，何について話せばいいのかがわからず，意味のない議論に終始することになりかねません。何を合意したいのか，意見の共通点や対立点を明示することにより，会議の目的に到達する時間を短縮できます。

　4つ目は「時間・人数を最小限に絞る（Minimize）」です。何となく会議の時間は1時間単位で設定されることが多いのですが，それより短く終了できる場合もあります。その際には残りの時間をだらだらと過ごす必要はありません。会議の目的を達したら時間が早くても終了するのは当然ですが，会議の時間単位を短く，例えば15分刻みで設定するようにすれば，このようなことは避けられます。また，会議の出席者についても，とりあえず同席するというようなことはやめ，本当に議論に必要な人のみが参加すべきです。1つの目安は参加者が発言しているかどうかです。会議中全く発言しない人は次回からその会議には参加する必要があるのかどうかを見直したほうがいいでしょう。

　5つ目は「時間配分を見積もる（Estimate）」です。議論が白熱してくると，時間のたつのは早いものです。そのため，それぞれの論点に関してどれだけ時間をかけるのか，おおよそでいいので見積もっておきます。最後にしっかりと振り返りを行うためにも「あれ？　もうこんな時間だけど，大丈夫？」といったことは避けるべきです。

　最後の6つ目は「ゴールを明らかにする（Goal）」です。この会議の目的は「情報共有」「議論」「合意」のいずれなのか，会議が終了するときにどういう状態にしたいのかを明らかにしておきます。参加者それぞれの意識はバラバラなこともありますから，会議の冒頭でゴールについては確認しておくのです。

　このガイドラインは，社内での展開を促進するために，頭の文字を取ってPRIME GOALと呼称されました。また，**図表6-2**にあるようなロゴやポスターを作成し会議室などに貼り出しました。

図表6-2　会議・打ち合わせのガイドライン（PRIME GOAL）のポスター

　また，当社では，経営上の最高意思決定機関である「経営会議」を含め，社内のグループウェアを活用して「事前審議」制としています。これは，起案者が事前に議案をグループウェアへとアップし，その議案を他の会議の出席者は会議の前に確認し，グループウェア上で審議をすませてから会議に望むというシステムです。

　この制度は，会議の効率化・時間短縮と会議での議論の質の向上に大きな効果があります。

2. メール時間の削減

影響の大きいメールの時間

　仕事でのメールは，1日ゼロ件という人から数百件のやりとりを行っている人までさまざまですが，いずれにしても業務を行う上でのメインのコミュニケーションツールです。**メールに関わる労働時間を短縮することは多くの人に影響を与える取り組み**になります。

　メールの送受信は，仕事に関する連絡手段ですので，根本的には仕事そのものが減らなければメールを減らすことはできないはずです。そのため，メールを減らすことを心がけるだけではなく，部署や会社としてお客様や協働者への対応方針を変更・表明したり，業務を見直したりすることが重要になります。

　一方で，単純に「メールを減らす」，「時間外の送信を禁止する」というルールを設定するだけでも，メールの数は減少するものです。当社においても，休日・深夜のメールの送信を禁止したところ，実際にメールの数は減りました。業務そのものだけではなく，不要不急なメール，過剰に配慮した文面でのメール，過度な返信やCCはやはり存在しています。

メール時間を削減する取り組み

　メールにかかる時間を削減するには，図表6-3に示す「メール自体を減らす」，「メール作成の時間を減らす」，「メールを読む時間を減らす」という3つのアプローチが考えられます。

　「メール自体を減らす」に関しては，当然ですが不要なメールはしないことに加え，CCは最低限にするといったことが考えられます。背景が複雑で文面で伝えることが難しいものは，直接出向いて話したり，電話で伝えたりするほうが早い場合もあるでしょう。その場合はメールをすることが非効率になりま

す。また，念のために何となく追加するCCは相手の時間も消費してしまいます。必要以上にCCをしていると，相手に真剣に読んでもらえなくなることにもつながります。

深夜や休日のメールをやめることは，コミュニケーション相手に，その時間は仕事・対応をしないことを伝達するためにも有効です。ただし，「××時以降は，対応しない」，「休日はメールを見ない，急ぎの場合は電話をすること」など，対応時間に関するポリシーを設定し，相手方に伝えておく必要があります。

上司が時間を構わず部下の相談に対応していると，部下は「深夜休日でも仕事をするものだ」という考え方を当たり前に持つようになります。ルールとして禁止するだけでなく，上司から率先して休日や退社後のメールの対応をやめることが重要です。

次に，「メール作成の時間を減らす」に関しては，テンプレート，雛形機能や頻繁に活用する言葉に関しては単語登録を行い，効率的に文面を作成するこ

図表6-3 メール時間削減の取り組み例

アプローチ	取り組み	背景・詳細など
メール自体を減らす	・不要なメールはしない ・CCは最低限にする ・深夜や休日のメールをやめる	・対面や電話で話したほうが早いものはメールしない ・なんとなく追加するCCは相手の時間を消費する。また真剣に読んでもらえない ・お客様からの問い合わせや部下からの相談には早く対応したくなるが，一度やると常に対応せざるを得なくなる。また，相手の深夜・休日メールも助長する
メール作成の時間を減らす	・効率的に文面を作成する	・テンプレート，雛形機能を使う ・単語登録をする（「いつも」→「いつもお世話になっております」など）
メールを読む時間を減らす	・メールを読む時間をまとめる ・不要なメールはすぐ消す	・受信のたびに即返信していると，作業が細切れになって能率が下がる ・メールは2回見ないことを心がけ，なるべく初見で返信する

とが有効です。「メールを読む時間を減らす」については，メールを読む時間を決めてまとめて処理したり，不要なメールはすぐ消すといったことが考えられるでしょう。

❏ ツールの導入によるコミュニケーション時間の短縮

現在は，新しいコミュニケーションツールもいろいろと出てきています。例えば，チャットツールはメールに比べて書いてから投稿するまでのアクションが少なく，また前置きを省略できるなど，会話を早く進めることが可能です。また，スタンプや絵文字など，テキストだけではわかりづらいニュアンスを伝えることができます。

今後は場面に応じて別のツールを選択していくことも，メールを含めたコミュニケーションにかかる時間削減の1つの施策として考えられます。一方で，まだまだメールはビジネスの主要なコミュニケーションツールとなっています。多くの人が利用するという意味でも，メールの時間削減を行うことは，労働時間の短縮の観点では非常に重要と言えます。

3. スケジュールの共有

❏ 協働相手の時間の短縮

労働時間短縮の取り組みには，「自分の時間を短縮する」取り組みに加えて，自分がある行動をとることで「協働する他者の時間を短縮する」取り組みもあります。メールの工夫やスケジュールの共有がこれにあたります。

仕事の多くの割合は，打ち合わせや，定期的に開催する会議によって占められています。会議や打ち合わせは，主催者や事務局が出席者1人ひとりに電話やメールでこの先のスケジュールを確認し，全員の日程が合う日時に会議を設定します。日程調整は出席者が多くなるほど時間がかかります。調整している

間に参加者の予定が変わり，再調整のために，全員に改めて連絡して予定を確認し直さなければならないこともあるでしょう。会議そのものではなく会議を設定すること自体が，調整する側，調整される側双方にとって，無駄な時間です。

　これを解決するためにはスケジュールを共有することが有効です。**従業員全員が予定を開示し，全員が閲覧できる状態**にするのです。これにより，打ち合わせ主催者や会議事務局は，開示された参加者全員のスケジュールを確認し，全員の予定が合う日時を探し，日程を設定することができます。多くの企業で用いられているスケジューラーツールには会議招集機能がついていますので会議招集や会議室予約なども一度に行うことができます。

　1人ひとりが自分の予定をスケジューラーに入力するためにかかる時間は，おそらく日に数分もかかりませんが，スケジュールを共有することで会議や打ち合わせの日程調整は大幅に効率化されます。

◻️　当社の例：スケジュール公開

　当社では，社長以下全従業員がスケジュールをイントラネット上で公開しています。スケジュールには，会議や外出などに加えて，資料を作成したり企画を検討したりする個人ワークの時間も入れています。アシスタントなどが本人に代わってスケジュールを入力することもできますし，機密性が高く他人に知らせたくない予定は，本人と関係者にしか内容が見えないように設定することができます。**図表6-4**は当社で公開されているスケジュールのイメージです。

　スケジュール共有の効果を高めるには，全員が共通のルールを守ることが重要です。当社では，**図表6-5**のようなルールを定め周知徹底しています。

　まず，予定はすべてイントラネット上のスケジュールに入力することを全員共通の前提とします。すべての予定が入力されていれば，空いている時間は会議や打ち合わせなど，新たな予定を入れても良い時間となり，会議の開催者，招集者は事前確認を行うことなく会議・打ち合わせを設定することができます。

図表6-4 公開されるスケジュールイメージ

	30月 2017/10	31火 2017/10	01水 2017/11	02木 2017/11	03金 2017/11
8:00		⏱人事異動　全社広報	⏱勤怠承認		
9:00			⏱終日テレワーク予定		【WORK】プロジェクト発表資料　最終確認
10:00	事前審議対応スタンバイ	【WORK】全国マネジャー会議発表資料作成		振り返り面談：佐藤 人事部屋	
11:00				振り返り面談：田中 人事窓口	
12:00					
13:00	経営会議スタンバイ	人事グループ会 Ocean01 人事窓口		振り返り面談：山田 人事窓口	プロジェクト報告共有会 横浜 人事窓口
14:00				振り返り面談：伊藤 人事窓口	
15:00		定例：採用PRJ 人事部屋 佐藤		事例共有会@渋谷 人事窓口	
16:00	【多様PRJ】定例会 ルーム　人事窓口	プロジェクト発表資料　確認			
17:00	【WORK】PRJ決定事項整理				金曜は早く帰ります
18:00				直帰します	
19:00	退社	退社	退社	退社	

図表6-5 スケジュール共有のルール

1．全員のスケジュールを共有する
2．予定はすべて入力し，他者は空いている時間には会議・打ち合わせを入れてよいこととする
3．開示できない会議やワークもスケジュールに入れ，本人だけが見られるように設定する
4．外出の予定は移動時間も含めて予定に入れる
5．資料作成や企画検討などの個人ワーク時間もスケジュールに入れる
6．有給休暇や私用外出予定も入れる
7．「×時退社予定」「△時以降は会議禁止」といったマイルールもスケジュールに入れる

　顧客を訪問する場合は，顧客先での打ち合わせ時間だけでなく，前後の移動時間も加えてスケジュールを押さえるようにします。移動時間を入力することは忘れがちな点ですが，これがないと顧客先での打ち合わせが終わった瞬間に社内での会議が設定される可能性があり，日程の再調整が必要となります。
　また，有給休暇利用の予定や私用の外出などもあらかじめスケジュールに入

力しておきます。先の日程で休みの予定を入れておくと，会議なども避けて設定されることになるため，有給休暇の取得がしやすくなります。

　加えて毎日の退社予定を入れたり，「この時間以後は会議設定禁止」といった "マイルール" をスケジュールに入れたりしている人もいます。会議や打ち合わせは増えていきがちですので，自らコントロールする意識も大切です。

業務を見積もる習慣づけ

　これまで述べてきたように，スケジュールの共有は自分の労働時間というよりも他者の労働時間短縮に有効な取り組みですが，実は自らの生産性向上にも有効です。個人ワークの時間をスケジュールに入力することを通して，業務計画を立て，1つひとつのプロセスにかける時間を見積もる習慣がつくからです。

　例えば，顧客に企画を提案する場合に**図表6-6**のようなプロセスがあるとしましょう。まず，関係者と企画内容を検討し，その内容を提案資料に原案としてまとめ，再度関係者が集まって資料を確認し必要な改善点を洗い出し，その改善点を提案資料に反映して完成させ，顧客を訪問して提案する，という流れで仕事を進めます。

図表6-6　企画提案までのプロセス例

	1 企画の検討	2 資料作成	3 提案内容の確認	4 提案資料の完成	5 顧客訪問・提案
活動内容	検討会議 提案内容のラフ案決定 ・企画の骨子 ・資料の構成 ・必要なデータ確認	個人作業 提案資料の原案作成 ・骨子に基づいたページ構成作成 ・データ収集と編集 ・メッセージの詳細化	確認会議 原案への修正・改善案の検討 ・資料の確認 ・変更箇所の決定	個人作業 変更・修正の反映 ・最終チェック・準備	

　顧客への訪問日程が決まったら，**図表6-6**のプロセスに従って，まずは，関係者との提案企画の検討会議，提案資料の確認会議を設定します。その上で，個人作業となる提案資料の原案作成と変更・修正に必要な時間を見積もり，自分のスケジュールに反映させます。

　企画の検討や資料作成は，これで完成というゴールがおきにくく，ついつい時間をかけすぎてしまうものです。企画については「もっと良い案があるのではないか」，資料についても「この図のほうがわかりやすいのではないか」と考えていると際限なく時間が過ぎていきます。そのため，最終アウトプットに至るまでのプロセスを組み立て，必要な会議と作業の時間と，その時間で行うことをスケジュールの中に設定することが重要です。

　期限やかける時間の目安があれば集中して業務をすることになりますし，**あらかじめゴールから逆算して業務を組み立てておくと業務のヌケモレも防げ，最終成果物の質の向上へとつながります。**

　このような業務の組み立てとスケジュール管理は，小規模なプロジェクト管理のようなものです。習慣化しておけば，大きなプロジェクトを担当することになったときにも応用できます。

4.　フォーマットの統一

◻ 当社の例：資料フォーマットの統一

　社内外向けを問わず，業務上多くの資料が日々作成されている当社では，資料作成の効率を高めるために，資料のフォーマットと全社統一のルールを定めています。

　当社でも資料のアウトプットにこだわる人は少なくないのですが，その際に体裁にこだわると，ついつい資料作成に時間をかけすぎてしまいます。また，作成される資料の中には汎用的なものも多いのですが，あまりに個人ごとにこだわりを持って作り込んでしまうと，他の人が別の用途に活用する際に不都合

です。標準的なフォーマットで作成されているのであれば単なるコピーですむところが，特殊なデザインを使っていると，コピーすると文字が段ずれをしたり，色が変わったりということが発生し，またそれを調整するのに時間をとられてしまいます。

　このような無駄な時間を削減するために，当社では，提案・企画書，研修・調査等の報告書，ディスカッションペーパーなどといった顧客に提出・提示する資料全般，および会議資料，報告資料，プロジェクト資料など社内で提出・提示する資料全般を対象として，資料作成のフォーマットを用意し，作成ルールを決めて資料作成時間を短縮しています。

　例えば，資料に使用する書体は，次のように定めています。

　　○全角文字：MS Ｐゴシック

　　○半角英数字：Arial

　　○英数字：半角

　　○カタカナ：全角

　フォントに関しては書体だけではなく，サイズ，カラー，強調・装飾の仕方（太字や斜字，影字）を定めているほか，各ページにおいて文字や図表を記載する領域（記入範囲），インデントの活用方法，図形の形・色，テキストの行間，も決めています。また，表紙のフォーマットも同様に決めており，タイトル・社名の記載位置や文字のフォントも決まっています。さらに，資料の管理や検索の効率を高めるために，ファイル名のつけ方についても統一ルールを設けています（図表6-7）。

図表6-7　資料フォーマットのルール項目

- フォントの書体，サイズ，カラー，強調・装飾の仕方（太字や斜字，影字）
- 各ページにおいて文字や図表を記載する領域（記入範囲）
- インデントの活用方法
- 図形の形・色
- テキストの行間
- 表紙（タイトル，社名の記載位置，文字フォントなど）
- ファイル名

もちろん，このルールの対象外となる場合もあります。
○顧客からの指定のあった場合
○資料の体裁まで含めたプレゼンテーションの質を問われる場合
○特殊性が高い個別資料
○社内での共有などの可能性が低い資料
○特別な目的・意図をもってコンテンツを伝えるためのイメージ資料
などは対象外としています。

5.　社員への過剰サービスの撤廃

🔲　フラットに考える

　昨今では運輸業などのサービス産業を中心に過剰な品質・サービスを見直す動きが出てきています。テクノロジーやシステムを同時に刷新・導入することにより抜本的な見直しも進んでいます。企業においても従業員を対象としたサービスを提供する部署があり，総務・人事・経理の一部がこれに該当します。このようなサービス業務は社外にアウトソースされていることも多いのですが，改めてサービス内容を見直すことも，労働時間削減につながる1つの方法です。

　サービスを提供する部署は，「より良いサービス」，「よりていねいなサービス」を指向します。また，公平性や過去からの一貫性を大切にすることから，一度始めたサービスを取りやめることは避けたいと考えがちです。その結果として，提供されるサービスは過剰に，硬直的に働く傾向があります。

　そのため，従業員向けのサービス提供メニューの見直しのきっかけを作るのは難しいのですが，労働時間削減はその契機となりえます。その際には，かける時間と受け手にとってのメリット，サービス導入当時と現在との環境変化などを軸に検討すると良いでしょう。もちろんサービス業務をアウトソースしている場合にも，同じように見直しましょう。

　サービスを受ける側の**従業員にとっても，ていねいに対応すること**がいつも

望ましいわけではありません。総務や人事手続きに慣れていない従業員からしてみれば，これもできます，こういうやり方も可能ですと，選択肢を与えられても迷ってしまいます。「何でも対応しますのでご希望をお知らせください」と提示して困らせるよりも，ある程度一律のルールを定めてシンプルに運用するほうが従業員にとってもいい場合もあるのです。

🔲 不利益変更に注意

　従業員，サービス部門双方の利便性が高まったとしても，従業員の金銭的な負担が増すような変更はできるだけ行うべきではありません。ただでさえ目的のおき方が難しい働き方改革を推進していく際に，従業員に不利益な変更がなされると予想以上の反発が起こることは目に見えています。

　例えば，個人が負担した経費を実際の金額に基づいて精算する方式から，使い道を特定して一律に手当てとして支給する方式に変更する場合を考えましょう。個別に精算する場合には個人は領収書を添付し伝票を記載する必要があり，サービス部門はその伝票をチェックし，個別に支払いを行うことになります。

　これを一律の手当てにしてしまえば，サービス部門は個別に伝票を処理する必要がなくなり，個人は伝票を作成して請求する必要がなくなります。個人，サービス部門ともに手間が削減できます。

　しかし，実費精算ではなく，手当てとして支給される場合は，会社からの人件費と扱われるため，所得税や社会保険料の対象となり，支払われる金額が手取りベースでは目減りしてしまいます。そのため，手当ての金額は，個人が支払う所得税や税金社会保険料分を上乗せした金額にするのが望ましいと言えます。

❏ メリットとデメリットの比較

　やっかいなことに，所得税の税率や社会保険の料率は1人ひとりの所得に応じて異なります。したがって，一律で金額を設定する際には，ある程度概算で多くの人の個人負担分をまかなえる額を設定する必要があります。人によっては実際の負担額よりもかなり多くの金額が会社から支給されるといったことも起こりえます。

　この状況は個人にとってはいいかもしれませんが，会社にとってはコスト増となります。そのため，事務対応のコスト，工数，そして細かい処理によって発生するミスを減らすといった総額としての事務処理コストの減少と，会社にとっての金銭的な負担額の増加を比較して，妥当な金額を設定すべきでしょう。

❏ 当社の例：社員の事務処理手続きの簡素化

　当社では，これまで従業員1人ひとりの利益と公平性を重視し，個人の人事・労務・経理関連の事務処理をなるべく丁寧に行ってきました。例えば，従業員の慶事・弔事では，気持ちを伝えるためにご祝儀・弔慰金を上司から従業員へ手渡しする対応をしてきました。また，転勤時には，転居による金銭的負担を考慮し，家探しの交通宿泊費・賃貸契約による一時費用について，実費精算を行ってきました。

　しかし，現在のように従業員数が約400名になってくると，1人ひとりへの個別対応の運用が煩雑になり，事務処理工数の増加と個別対応による処理ミスも目立ってきました。また，従業員にとっても，実費精算の手間は業務効率の観点からも望ましいものではありませんでした。そのため，処理を依頼する従業員と，処理を行う会社の双方にメリットがある社員手続きの簡素化を順次進めました。**図表6-8**は当社で行った社員手続きの簡素化の例を示しています。

　慶弔金は，立て替え負担軽減のため，手渡しから対象者への振り込みとしました。転勤時の住宅確保費用は，上限を定めた実費精算から，上限を定めた家

図表6-8　事務処理手続き簡素化例

手続き	従来	変更後
慶弔	上司が立て替えて対象者に手渡し	会社から対象者の銀行口座に振り込み
転勤時の住宅確保費用	上限を定めて実費を精算	上限を定めて家賃の4ヵ月分を支給
単身赴任者の社宅	会社にて契約し社宅として運用	個人で契約し，会社から一律の金額を住宅補助として支給
年金手帳の保管	会社にて保管	個人に返却し，個人にて保管
経費精算	会社指定の銀行口座を開設し週締めで振り込み	口座を自由化し，月2回の振り込み
交通カードの貸与・交換	会社にて一定金額チャージ済みのカードを用意し，残高が少なくなったカードと社内で交換をする	従業員本人が会社専用交通カードを購入し，個人がチャージを行い，チャージ額を経費精算する

　賃の4ヵ月分（地域により6ヵ月）の固定額支払いとしました。申請者にとっては，出費の証票となる領収書を添付して会社に請求するといった処理が不要になり，利便性も高まりました。

　これまで単身赴任者の住居は会社が法人契約をしていましたが，これを個人契約とし，一律金額の単身赴任住宅手当を支給することとしました。会社は社宅管理がなくなり，個人は住居選択の自由度が高まりました。

　年金手帳に関しては，会社保管から，個人へ返却し個人での保管としました。これまでは入社時に年金手帳の番号確認を行い，そのまま退職まで保管していましたが，入社時の番号報告のみとしました。

　経費精算の頻度を週締めでの振り込みから，月2回の振り込みにまとめました。これに伴い個人が経費を立て替える期間が延びることになるため，会社指定としていた振り込み経費口座を個人で選択できるようにしました。

　交通カードの貸与・交換は，営業職従業員の業務交通費用にチャージ済みカードを貸与し，カード残高が少額になった際に会社でチャージ済みカードとの交換する運用から，従業員本人が会社専用交通カードを購入し，自身で

チャージを行う運用としました。これにより，会社で管理する交通カードの在庫とチャージ手続き，交換窓口が不要になりました。

6. 移動時間の削減

◻ 当社の例：サテライトオフィス

　当社ではテレワーク制度の延長として，サテライトオフィスも活用しています。これまでもテレワーク制度の導入によって自宅での勤務を認めていましたが，顧客企業の機密情報を取り扱う当社では，セキュリティ保護の観点から社外での紙資料の印刷を禁止していました。そのため，プリントアウトをするためだけにオフィスに立ち寄るということが起きていました。また，移動の間の時間にカフェなどで業務をしていることも実態としてはありましたが，これもセキュリティ上は望ましいことではありませんでした。

　都内の多くの最寄り駅に設置されたサテライトオフィスでは，高いセキュリティレベルで紙資料の印刷や業務が可能です。サテライトオフィスを活用することにより，営業活動の隙間の時間や業務以外の都合によって細切れになった時間をより有効にかつ安全に業務時間として活用できるようになりました。

7. 休日の活用

◻ 有給休暇利用による労働時間削減

　有給休暇（有休）の利用は，労働時間削減に直接的な効果があります。長時間労働になりがちな人は，業務調整がつきにくく有休の利用日数が少ない場合がほとんどです。また，長時間労働者の比率が多く有休の消化率が低い部署では，有休利用を申し出ることにためらいを感じる人がいる場合もあるでしょう。

　有給休暇の利用を促すためには，強制的に有休を利用させる仕組みが有効で

す。内閣府が行った調査でも「年次有給休暇取得の促進に効果的だと思う取組」として「計画的に休暇を取得させるルールづくり」が43.3％と最も高い結果でした（「ワーク・ライフ・バランスに関する個人・企業調査」平成26年5月，内閣府男女共同参画局仕事と生活の調和推進室）。これに続き，「上司による有給休暇の取得奨励」，「まとまった日数での休暇取得奨励」「経営者による有給休暇の取得奨励」の順に高い結果となっていますが，単に有休取得を奨励するだけではなく，やはりルールを設けて確実に有休を取得させることが効果的です。

　例えば，一定の労働時間に達した従業員に対して有休利用を命じます。あらかじめ期間を定め，その期間に一定の労働時間を超えている人に対して，一定期間内に有休を利用するよう，人事から上司と本人に伝えます。上司は本人と相談の上，有休利用予定日を設定し，必要に応じて業務を調整してもらいます。

　有給休暇利用を言い出しにくい環境があったとしても，人事からの命令であれば本人も気兼ねなく休むことができます。また，必要であれば業務調整も強制的に行われるため，「休んでも，翌日に倍の量の仕事をしなければならない」といった事態も避けることができます。

◻ 有休利用推奨日の設定

　有休の消化を促すためには，全社的に有休利用推奨日を設定するのも効果的です。会社の定める休日，いわゆる所定休日とは別に，業務に支障がないことを前提に，この日は有休を積極的に利用してくださいという「有休利用推奨日」を決めるのです。祝祭日に挟まれた平日や，ゴールデンウィークや夏季休暇・冬季休暇などの前後に推奨日を設定すれば利用しやすいですし，業務への影響も抑えられます。推奨日は各部署がそれぞれの事情に応じて自主的に設けてもいいでしょう。

　当社も2014年から年間3日程度の有休利用推奨日を設定しています。有給休暇利用推奨日の利用率は，初年度50％，現在は63％となっており，労働時間削

減へとつながっています。

☐ 有給休暇の計画的付与

　年次有給休暇の計画的付与制度を利用し，本人や家族の誕生日や記念日など特定の日に有休を使わせるアニバーサリー休暇も一般的になってきました。「計画的付与制度」とは，有給休暇の取得率を高めることを目的に，企業があらかじめ決めた日を，有給休暇を使って休みにすることができる，労働基準法で認められている制度です。有給休暇日数が増えるわけではないのですが，単なる休暇ではなくこのようなテーマが定められている休暇であれば，取得する動機づけを強めることができますし，従業員にとって働き方を見直すきっかけとしても有効と考えられます。

☐ 当社の例：ディケイド休暇

　年次で発生する通常の有給休暇とは別に，特別休暇を設定する方法もあります。永年勤続に応じた特別休暇を設定する企業も多くあります。当社では勤続10年ごとに最長で営業日10日間の特別休暇と10万円の休暇手当てを付与するディケイド休暇という制度を設けています。当社は従業員1人ひとりに対し「プロフェッショナルとしての持続的な成長」を求めていますが，一定の期間ごとにリフレッシュする機会を設けたいという主旨のもと，この休暇制度は導入されました。労働時間削減を目的としたものではなく，次の10年もプロフェッショナルとして持続的に成長するための区切りとすることを目的として，リフレッシュや新たな知見のインプットなどに活用されています。長期休暇をとり，改めて自分の働き方を見直すきっかけにもなっているようです。導入以来対象者の全員が活用しています。

🔲　所定休日の設定

　何となく気づきにくいですが，会社は従業員に有給休暇を与えて消化させるだけではなく，所定の休日を設定することもできます。企業によって繁忙期は異なるでしょうが，繁忙期で，かつ，祝祭日が少ない月は，どうしても月間の労働時間が長くなりがちです。月別の労働時間実態を踏まえて，労働時間が36協定の月間上限に抵触する可能性が高い月は所定休日設定のねらい目と言えます。

8.　業務の属人化の解消

🔲　言語化することから始める

　ここからは，成果が出るまでに少し時間がかかる取り組みを紹介いたします。

　労働時間を短縮する取り組みの1つとして，通常業務における属人化の解消も考えられます。一般的には担当者を固定化することは望ましいとされています。なぜなら，業務の熟練が期待できるからです。また，熟達した専門担当者の存在は業務を依頼する側にとっても有益です。「あの人だったら詳細を説明しなくとも概要を伝えるだけで理解してくれるから依頼の手間がかからない」などと何かと便利だからです。

　しかし，同じ人が同じ業務を長く担当することによるデメリットもあります。1人で業務を行っているため「業務内容が言語化されない」，そのため「担当者が突発的な事情で業務が担当できなくなったときに，他の人がカバーできずに業務が止まる，業務が回らなくなる」といった弊害が生じます。業務を通して得た知見が担当者個人だけに属していると，担当者を異動させることが難しくなり，健全な人員の代謝ができないばかりか，機能を持続的に維持することができなくなるリスクがあるのです。

　また，業務が言語化されておらず，組織に還元されないと，業務改善の妨げ

ともなります。事業を取り巻く環境は日々早いスピードで変化していますし，業務で活用するシステムやソフトウェアも新たなものが次々と開発されています。しかしながら，特定の人に同じ業務を担わせていると，どうしても慣性が働いてしまい，よりよい手法を試す意識が希薄になるからです。1人の担当者が同じ業務を長年行っていれば，小さな効率化は行ったとしても，大幅な変化には抵抗を感じ，結果として大きな業務変革の機会を逃す危険性もあります。

◻ 業務のマニュアル化

属人化を防ぐためには，業務を言語化しマニュアルに落とし込むことです。マニュアルには，業務の進め方や手順だけではなく，業務の目的と背景，必要であれば業務を行う際の判断基準や留意点なども記載します。図表6-9ではマニュアルのフォーマットイメージを示しました。

定期的に発生する業務であれば，進め方には年間のスケジュールを記載しておくといいでしょう。また，振り返るべき項目を設定しておくと業務内容の評価がしやすくなります。一方で，作業手順は利用するシステムの変更やソフトウェアのバージョンアップなどによって変わるため，あまり手間をかけて詳細まで記載しても効果は限定的です。むしろその業務をなぜやるのかという目的を記載することを重視すべきです。

◻ PDCAとマニュアルのブラッシュアップ

こうして作成したマニュアルに基づいて，業務のPDCA（P：Plan，D：Do，C：Check，A：Action）サイクルを回します。業務着手前にはマニュアルで目的や手順など（2回目以降であれば前回の申し送り事項を含む）を確認し，業務を遂行します。業務はマニュアルに沿って行われますが，手順や処理の仕方を変更したり追加した場合にはマニュアルに反映します。

業務を終了した後には目的に照らして結果を確認し，次回に向けて改善点が

図表6-9　マニュアルのイメージ

タイトル	
カテゴリ1	
カテゴリ2	
カテゴリ3	

業務目的・概要
業務目的・概要
業務項目
社内公開情報へのリンク
判断基準・留意点

関連連絡先

進め方・手順

手順フロー
ツール
手順詳細

更新情報

図表6-10　PDCAとマニュアルのブラッシュアップ

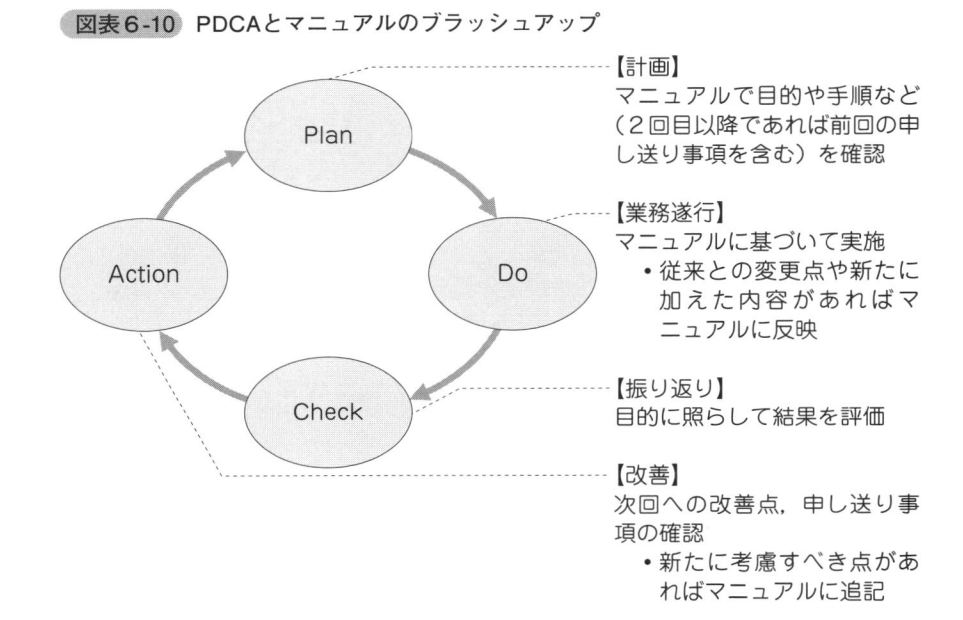

【計画】
マニュアルで目的や手順など
（２回目以降であれば前回の申
し送り事項を含む）を確認

【業務遂行】
マニュアルに基づいて実施
- 従来との変更点や新たに
  加えた内容があればマ
  ニュアルに反映

【振り返り】
目的に照らして結果を評価

【改善】
次回への改善点，申し送り事
項の確認
- 新たに考慮すべき点があ
  ればマニュアルに追記

あればマニュアルに追記します（**図表**6-10）。

🔲 マニュアルの進化の効果

　このように，マニュアルを軸にしてPDCAサイクルを回すと，業務の安定運
用と同時に効率化が実現できます。業務はマニュアルに沿って安定的に行いつ
つ，改善点はマニュアルに反映されていくからです。

　マニュアルは，一度決めたら必ず守るというものではなく，**常に更新され進
化するもの**として位置づけるべきです。マニュアルを軸に業務を遂行したら，
一定の期間ごとに各組織や関係者で業務の振り返りを行います。その際に出た
アドバイスをもとにマニュアルも更新し，次回の業務遂行へとつなげます。

　このように，業務を振り返る場を職場単位で設ければ，業務の効率化や業務
品質の向上だけではなく，知見の組織への還元を通じた，個人の業務レベルの

向上も期待できます。

9. 人材開発施策による能力向上

◻ 生産性向上の王道

　労働時間を短縮するためには，従来よりも短い所要時間で，同じ成果を出せるようになることや，従来と同じ所要時間で，より高い成果を出せるようになることが有効です。そのためには，ITリテラシーや，基本的なビジネススキルなど，個人の生産性を高めるための研修を行い，能力向上へとつなげることが考えられます。

　ITリテラシーを高める研修では，学習効果はすぐに所要時間の短縮として現れますが，論理的思考力や会議運営力などは，学習したことを業務で実践し，身につけて初めて成果が出ます。労働時間短縮に向けた施策として回り道になりますが，**従業員の能力開発は人的資本を高めることですから，本質的な取り組み**といえるでしょう。

　研修の機会を提供する際には，それぞれの研修がどのような力を高め，研修後はどのような状態になることを想定しているのかを提示するといいでしょう。また，研修の効果を確かめるためには，研修で付与しようとしたスキルや力が身についているかどうかをチェックできる仕組みが有効です。

◻ 当社の例：研修（Off-JT）機会の提供

生産性向上につながる研修の整理

　「人が成長し知見を最大限に生かし続けること」を経営の基本の1つにおいている当社では，日常業務を通して専門性を高めることに加え，Off-JTにおいてもさまざまな学習機会を提供し，自己学習を支援しています。

　Off-JTのうち，役割認識・役割行動を育むための階層別の研修は必須研修

としてそれぞれの対象時期に実施していますが，知識・スキル技術を身につけるための研修受講は個人の自主性に任せ，個人の希望によって，機会を提供しています。

　しかし，知識・スキルを身につけるための研修といっても，そのコースは限りなくあるため，生産性を高めるために何の力を身につけるべきか，どの研修を受講するのがよいのかを個人が判断することは大変難しいのが実態です。そのため，当社では，生産性を高めるために必要な力は何かを定義し，必要な力を身につけるためにどの研修を受けたらよいのかを整理しています。

　「パワーアップ研修」と名づけられた研修群は，どの業務においても必要なビジネススキルを向上させ，生産性向上に即効性の高い研修のラインナップです。カテゴリーを「ITリテラシー」，「思考スキル」，「対人スキル」の3つに分け，従業員に提示しています（**図表6-11**）。

　パワーアップ研修の最初のカテゴリーはPCの操作スキルを含めた「ITリテラシー」です。同じ成果をより短い時間で出すためには，作業時間を短縮できる力が必要になります。これは業務の習熟により短縮できる面もありますが，

図表6-11　パワーアップ研修ラインナップ

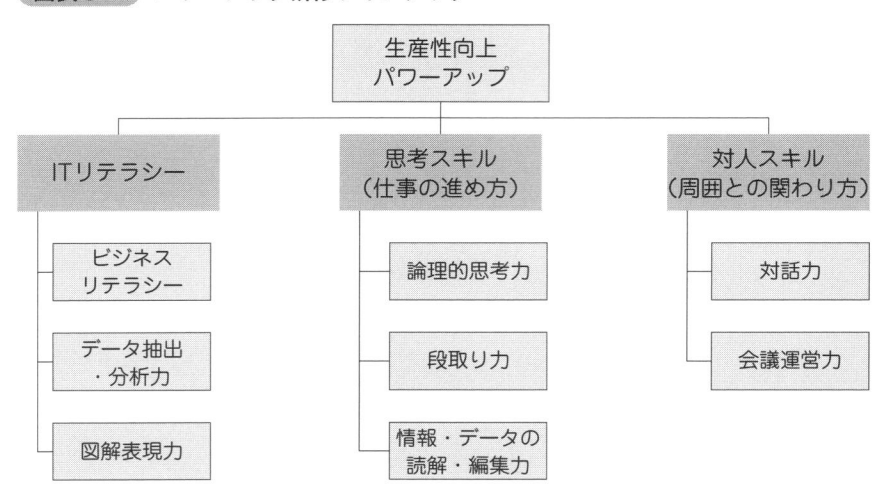

例えばExcelでデータの集計を行う場合，関数を用いることによってデータの照合や抽出・算出にかける時間を短縮させることが可能です。

　当社でも，データに基づいて仮説を立て，企画・提案を立てて実行していくことが求められます。仮説を裏づけるデータの分析や，思いついた考えを資料にビジュアル化するためには，ExcelやPowerPointのPCスキルが役立ちます。数字・データを意味づけ，分析する力が身につけば，作業の無駄がなく，スムーズにデータ集計・分析し，資料化できます。また，その前段としてメールにおけるビジネス文書の書き方や，検索サイトでの情報収集の仕方についての研修もメニューに加えています。

　2つ目のカテゴリーは仕事の進め方に関する「思考スキル」です。

　同じ所要時間で，より成果を高めるには，本質を押さえて，期待に正しく応える力が必要になります。例えば，作成する資料に関しても，「何のための資料なのか」，「何を伝える資料なのか」を正しく押さえ，「論理展開はスムーズか」，「構成はわかりやすいか」，「必要なことをきちんと記載しているか」を確認して作成できれば，相手にとってより理解しやすく，納得感のある内容になります。

　また，仕事の優先順位を定め，目的やゴールを明確にし，PDCAで具体的に仕事を進めていく力も重要です。情報・データの読解・編集力に関する研修も加え，推奨する研修としています。

　3つ目のカテゴリーは周囲との関わり方に関する「対人スキル」です。

　仕事の多くは，個人で完結できるものではなく，関係者との協働が必要です。関係者と目的，成果，基準等が明確にでき，それらを合意できていれば，手戻り（作業のやり直し）や，無駄なやりとりが少なくなってスムーズに業務が進みます。また，多くの関係者がいれば，それぞれ意見の対立も生じます。各者の意見を尊重しつつ，目的に照らして合意形成し，チームを方向づけていくことができれば，成果を高めることができるようになります。

　このような周囲との関わり方は，日々の対話力と会議運営力に尽きます。そのため，相手に伝えたい内容を整理して，意図・感情をコントロールしながら

発話していく力，会議のゴール・目的を設計して運営する力が身につく研修を選定しています。

研修の振り返り

　研修メニューの提示とあわせて，それぞれの研修によって力を身につけるとどのような状態になれるのかを設定し，自分にその力が身についているかどうかをセルフチェックできるようにしています。**図表6-12**はそのためのチェック表です。各研修の右に身につけたいスキルを，そしてそれを評価するチェック項目を用意しています。なおこれらの研修には当社がサービスとして他社に提供しているものも含まれています。

　パワーアップ研修は新人・若手のみならず，ベテランを含めた幅広い従業員が受講しています。例えば，PowerPointの基礎講座を受講したベテラン営業職からは，「これまで何百と企画書を作成してきたが，我流でやってきており，無駄な作業があったことがわかった」，「機能を正しく整理・再認識ができて大

図表6-12　パワーアップ研修とセルフチェック表

●ITリテラシー

テーマ	サブテーマ	トレーニングメニュー	概要	生産性の高い行動例／セルフチェック例	チェック
ITリテラシー					
	ビジネスリテラシー	ビジネス文書	メール等での文書作成ルールやわかりやすい表現	伝えたい表現や敬語等を悩まずにすぐタイピングできる	☐
		情報収集方法	検索サイトでの有効な情報収集方法	情報収集をするために検索サイトの活用技法がわかる	☐
	データ抽出・分析力	Excel基礎	Excel基礎	四則演算やSUM関数を用いて表が作成できる　グラフウィザードを用いて棒グラフ・円グラフが作成できる	☐
		Excel応用	Excel基礎応用	IF関数・VLOOKUP関数を用いてデータを取り出せる　ピボットテーブルを用いてデータ集計ができる	☐
		ビジネス数学（統計）	Excelにおける関数の使い方と有効なシーン	定量データを統計的に分析する際の関数がすぐわかる	☐
		Access基礎	Access基礎	クエリ作成，データ抽出できる　フォームを用いて簡易データ入力できる状態にする	☐
	図解表現力	PowerPoint基礎	PowerPoint基礎	スライドの作成・編集，書式設定，SmartArtや図形を用いて図解が作成できる	☐
		ドキュメンテーション	PPTのイラストや図による表現方法	PPTでの資料作成がすばやくできる	☐

●思考スキル

テーマ	サブテーマ	トレーニングメニュー	概要	生産性の高い行動例／セルフチェック例	チェック
思考スキル（仕事の進め方）					
論理的思考力	ロジカルシンキング	基本的な物事をわかりやすくする思考法	※以下のあらゆるシーンのレベルに影響	☐
		ロジカルライティング	論理的思考とそれを活用するための文書作成	指示を受けた仕事を整理してメモできる整理された文書や議事録作成ができる	☐
		ロジカルプレゼンテーション	論理的思考とそれを活用するためのPPT資料作成	チャートやシナリオを描く技法を知っている	☐
		ロジカルコミュニケーション	アウトライン化（話の設計図）のスキルとタイプ別診断	相手に伝えたい内容を構造化できる人のタイプに応じた特性を知っている	☐
		問題解決	問題解決の3つのステップ	目的と目標に適った問題特定・原因分析・方策が立案できる	☐
	段取り力	タイムマネジメント	時間管理の考え方と，具体的な仕事の進め方	優先順位をつけて，PDCAで進める手順が描ける	☐
		プライオリティ	仕事の優先順位と，効果的なスケジューリング方法	優先順位のつけ方がわかり，スケジュール管理できる	☐
		プロジェクトマネジメント	非ルーティンのプロジェクト型の仕事を進める体系理解	プロジェクト型の仕事を進める際の手順・フローが理解できる	☐
	情報・データ読解・編集力	ビジネス数学	数的センスを磨く	数字情報から意味を読み解く，伝えたいことを表現できる	☐
		情報編集力	発想を広げるさまざまな編集メソッド	思考を柔軟に広げるアプローチができる	☐

●対人スキル

テーマ	サブテーマ	トレーニングメニュー	概要	生産性の高い行動例／セルフチェック例	チェック
対人スキル（周囲との関わり方）					
対話力	ビジネスコミュニケーション	聞く・訊く・伝えるのコミュニケーション	話の内容・意図・感情を理解できる質問を通して認識のズレを修正できる	☐
		アサーティブコミュニケーション	アサーティブの概論理解と実践演習	伝えたいことを具体的に整理し伝わりやすい言い方で発話できる	☐
		プレゼンテーション	相手を動かす提案に必要なシナリオとデリバリー	伝えたい内容を整理し，セルフコントロールしながら発話できる	☐
	会議運営力	ミーティングマネジメント準備編	会議のアジェンダ設定のスキル	アジェンダ設定，目的とゴールを認識させる効果的なアナウンスができる	☐
		同　標準編	会議体が効果的になるための運営全体スキル	事前案内，当日の進め方，終え方，における効果的な進め方がわかる	☐
		同　図解編	会議内容を図解で整理するためのスキル	会議での議論内容を図解化できる	☐
		同　対人編	会議の参加者を見てタイプ別に特徴を捉えるスキル	会議の状況を見て，誰に対してどのようなコミュニケーションが有効かがわかる	☐
		同　発言編	会議でわかりやすい発言をするためのスキル	伝えたいことを整理してわかりやすい言い方で発言ができる	☐
		同　合意形成編	会議の効果的なクロージングを行うためのスキル	拡散した議論を戻す，最終的に行動につながりやすい終え方ができる	☐
		ファシリテーション	意見の引き出し方やまとめ方スキル	意見の拡散・収束ができ，整理してまとめることもできる	☐

変よかった」という声が上がっています。

10. 新人・キャリア入社者の立ち上がり支援

確実な早期戦力化を目指す

成果が出るまでに時間はかかるが，確実に効いてくる施策の１つが新卒新人やキャリア入社者の立ち上がり支援です。 個人は新しい環境に入ると，その環境に適応するまでに一定の時間がかかります。適応できない間は，不安や焦りを感じ，その力を十分に発揮することができません。この間，上司が彼らに割く時間も相当なものになります。また組織に適応できないことを理由に離職に至る人も少なくありません。個人が早期に組織適応を果たしてパフォーマンスを発揮するようになるためには，入社者の組織適応を促すような立ち上がり支援を行うことが重要です。

組織適応を促すには，図表6-13に示すようなプロセスが有効です。象徴的な事象などによって組織の価値観を明示し，それを職場や周囲の人と共有し，その価値観が自分の実感と重なるような仕掛けを用意するのです。

キャリア入社者にこそ必要な支援

組織適応の支援は，新卒新人に対しては多くの企業で実施されているでしょう。しかし，実はキャリア入社者のほうが組織への適応に関する課題は多く，問題も起こりやすくなります。キャリア入社者は前職で全く異なる価値観を身につけているため，その経験が壁となり，新たな職場に適応するのに時間がかかるからです。

新卒新人の場合は，社会人としての経験もほぼないことから，「働くとはこういうこと」，「会社の価値観」を比較的すんなりと受け入れられやすいのです

図表6-13　組織適応を促すプロセス

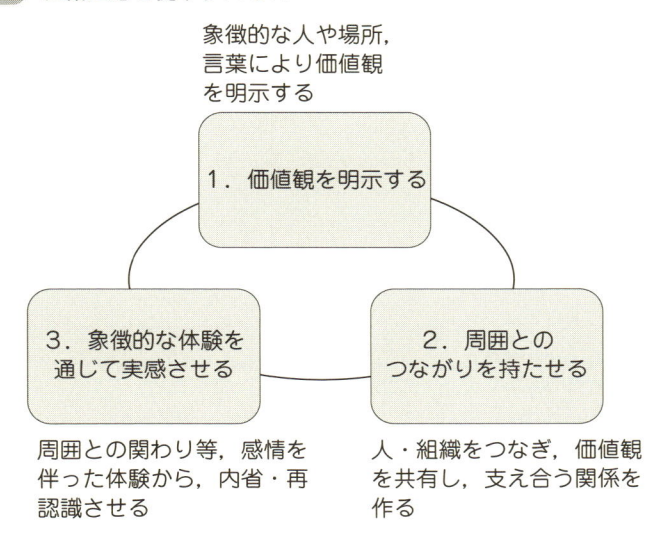

象徴的な人や場所，
言葉により価値観
を明示する

1．価値観を明示する

3．象徴的な体験を
通じて実感させる

2．周囲との
つながりを持たせる

周囲との関わり等，感情を
伴った体験から，内省・再
認識させる

人・組織をつなぎ，価値観
を共有し，支え合う関係を
作る

が，キャリア入社の場合は一度異なる価値観を身につけているため，価値観の
違いを頭で理解しながらも自ら実感できるようになるまでは時間がかかります。
中途入社者こそ組織適応の支援は必要なのです。

☐ 当社の例：キャリア入社者立ち上がり支援

当社では人事が主幹となり，キャリア入社者全員に対して**図表6-14**のよう

図表6-14　当社の立ち上がり支援施策

立ち上がり支援施策	実施時期・入社後
価値観の明示　MVV研修	3ヵ月
入社同期との情報交換会 ・7つの壁と12の症状をベースにした振り返り ・キャリア同期のつながりを確認	6ヵ月・9ヵ月・12ヵ月
人事面談による状況把握	3ヵ月

な組織適応を促す立ち上がり支援施策を組み立てて実施しています。

価値観の明示　MVV研修

　まず，当社のミッション・ビジョン・バリュー（MVV）に関する研修です。この研修は，経営の考え方の根幹ともいえるMVVの理解を深め，MVVに照らして，自分が実現したいこと，貢献したいことを考える機会としています。入社後３ヵ月が経過して少し落ち着いたところで，当社のこれまで，これから，そして大切にしている価値観を理解し，各人がこの後どのように当社において働いていきたいのかを考える場です。

　MVVを策定の主体者となった経営ボードがファシリテーターを担い，MVVの体現者として自身の経験やMVV策定の背景を交えながら進めます。

入社同期との情報交換

　当社では，**図表6-15**に示す，キャリア入社者が陥る典型的な「７つの壁と12の症状」を整理しています。入社者には，これを入社直後に伝え心の準備をしてもらいます。あらかじめ直面するであろう壁を伝えることによって，いざ直面した際にも冷静に対処し，「うまくいかないのは自分だけではない」という**安心感から周囲に相談しやすくなる**ことを期待しています。

　情報交換会は入社６ヵ月後，９ヵ月後，12ヵ月後と，３ヵ月おきに実施し，参加者は，毎回事前に12の症状が自分に当てはまるかどうかをチェックした上で参加します。そして，そのときに直面している壁の共有や相互アドバイスを行います。加えて，「今，特に困っていること」，「今後，目指したいこと」，「してもらって嬉しかった支援」，「今後，して欲しい必要な支援」なども共有しています。

　キャリア入社者は新卒新人と異なり，当然ながら同期意識が希薄であり，悩みがあるときに相談する仲間が不足する傾向にあります。情報交換会は，キャリア同期のつながりを醸成することにも有効な場となっています。

図表6-15　7つの壁，12の症状

7つの壁	12の症状	
文化・風土の壁 複雑さの壁 仕事の壁	1	職場の風土，コミュニケーションのスタイル，仕事の価値観になじまない
	2	なぜそうするのか，何のためにそうするのか，背景や選択の根拠が理解・納得できない，動けない
	3	自社のサービスの無形財性・一回性，広さ・深さ，複雑さに戸惑う
	4	今後，自分は何を任されるのか，どう成長できるのか，先が見通せない
きっかけの壁 主体・自走の壁 実感の壁	5	何をすることが仕事の意味・価値につながるのか，日頃の活動と結びつかない
	6	やること・覚えることが多すぎて，何を学習すればいいのか，わからない
	7	人によって言うことが異なる，難しいことをそのまま要望される，本来やるべきことに集中できない
	8	一歩前進，小さな成長が実感できない。その程度では意味がないと思ってしまう
質の壁	9	取り組むテーマが多く，あれもこれもになってしまう
	10	初期の第一歩が高すぎて，自分の努力では，なかなか壁を越えられない
	11	連携すべき関係者が多く，そもそも誰とどのように仕事を進めればいいかわからない
	12	いろいろ要望されはするが，自ら何を取り組めばいいのかわからない

人事面談による状況把握

　入社3ヵ月後のタイミングでは，人事との個人面談の時間を設けています。ここでは，「新しい職場には慣れたか」，「戸惑っていることはないか」などをヒアリングし，直属の上司や同じ職場の先輩には言いにくいこと，聞きにくいことを把握します。面談の内容から，問題が生じている可能性がある場合には，必要に応じて所属部署と共有の上対応を検討します。

立ち上がり支援の副産物

　組織適応の支援には会社側にとっても別のメリットがあります。中途入社者が感じるギャップや違和感というのは，自社と他社との相違点でもあります。これらの相違点を整理することによって，**他社と比較した自社の課題や特徴，誇るべきところや改善すべきところが見えてくる**からです。

　当社でも，キャリア入社者が感じたギャップをまとめた結果，社内では当たり前すぎて誰も疑問を感じなかった点を改めて認識することができ，また会社として改めるべき点のヒントを得ることができました。

　図表6-16は当社のキャリア入社者の声の例です。実際にはこれに加えて，

図表6-16 当社のキャリア入社者が感じるギャップの例

カテゴリー	入社後にギャップを感じた具体的なできごと
フリーアドレス	どこに座ったらよいかわからない
	社内で人に連絡する際に，電話，メール，スカイプを使う優先順位に迷う
呼称／略称	上司を役職をつけずに「○○さん」と呼ぶことに慣れない。同僚をニックネームで呼ぶことに戸惑う
	社内用語や略語が多く，何の話をしているのかわからない
社内会議	会議の参加者全員に発言権が与えられていることに驚いた
	前職に比べて，会議の回数が多い・時間が長い
上司との関係性	前職では上司は決済を仰ぐ人だった。今は，上司から「相談して」と言われ戸惑う
	前職では，資料は完成に近い段階に仕上げてから上司に相談をしていた。今は，初期段階で上司に相談することを求められ戸惑う
	上司から「わからないことは聞いて」と言われたが，どのレベルを相談してよいのかわからない
	「わからない」と周囲に伝えると「できない奴」と思われるのではと感じ，相談できない
	上司が立っているのに，部下が座ったまま話している光景を見て驚いた
その他	「(仕事の進め方を) 自由にしていいよ」「好きにやっていいよ」と言われたが，どの程度まで自由なのかわからない

このような状況に受け入れ部署はどのように対応したらいいのかもまとめています。

11. 活動分析による生産性向上

◻ 労働時間の「長さ」と「活動」

　労働時間の現状把握においては，時間の「長さ」と，その時間を費やして行った「活動」内容の2つの把握が大切です。先の第3章では「長さ」の把握について述べましたが，ここでは労働時間の中身，すなわち時間を費やして行った「活動」の把握と活用について述べます。

　労働時間における活動管理とは，1日の総労働時間のうち，何にどれだけの時間を費やしたかを明確に把握することです。いわば，従業員1人ひとりの働いた時間に，△△という業務を行ったというラベルを貼るようなものといえるでしょう。ただし，全従業員の業務を詳細に分類することは不可能な上に非効率ですし，後に述べる結果を分析する際にも有効ではないため，「会議」「面談

図表6-17　業務活動の例（営業職の例）

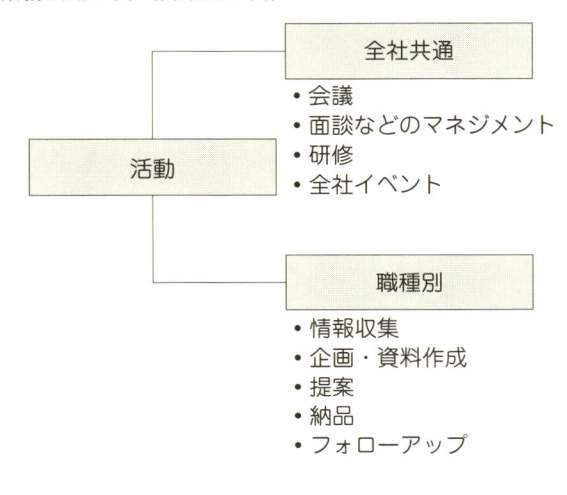

などのマネジメント」などといった全社共通のものと，職種が担う機能特有の業務活動に分け，大まかに分類します。**図表6-17**では営業職の場合の業務活動分類例をあげています。

◻ 勤怠管理と活動管理の違い

　業務活動を把握するためには，分類された活動ごとに実際に働いた時間を記録・入力します。各業務活動の合計時間がその日の労働時間です。**図表6-18**は，営業担当の1日のスケジュールと，それに対応した業務活動の例を表しています。

図表6-18 1日のスケジュールと業務活動（営業担当の例）

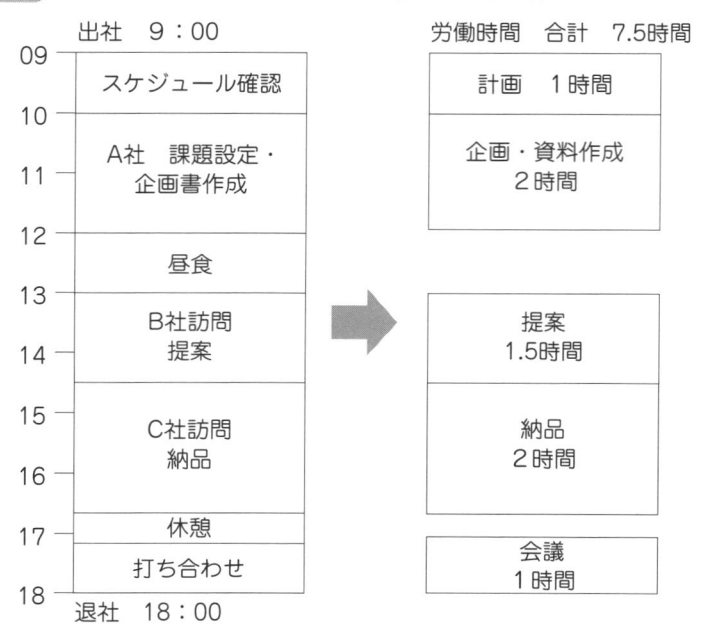

⬜ 業務活動データを活用した生産性分析

　こうして記録した日々の活動時間は，個人や組織単位で分析することで，業務実態を把握し生産性向上へとつなげることができます。

　例えば，年間の労働時間に占める業務活動を，**高業績者と低業績者で比較すると，時間の使い方に違いが**見えてくることがあります。図表6-19の例は，架空の営業担当の例ですが，高業績者も低業績者も「提案」にかける比率は同じですが，低業績者は「情報収集」にかける時間の割合が多いことがわかります。一方，高業績者は「納品」にかける時間の割合が多いことが特徴です。

　この結果から，高業績者は「納品」行為を通して得た情報を生かして高い業績へとつなげているのではないかという仮説を立てることができます。詳細な分析や検証が必要ではありますが，高業績者の業務活動分析は，生産性向上に向けた業務プロセスの見直しや，他のメンバーの実力向上に向けたヒントになることでしょう。

　業務活動を用いた分析は上記以外にも従業員満足度調査結果と組み合わせることで組織のマネジメントの特徴の考察にも応用することができます。

図表6-19 高業績者と低業績者の業務活動の違い

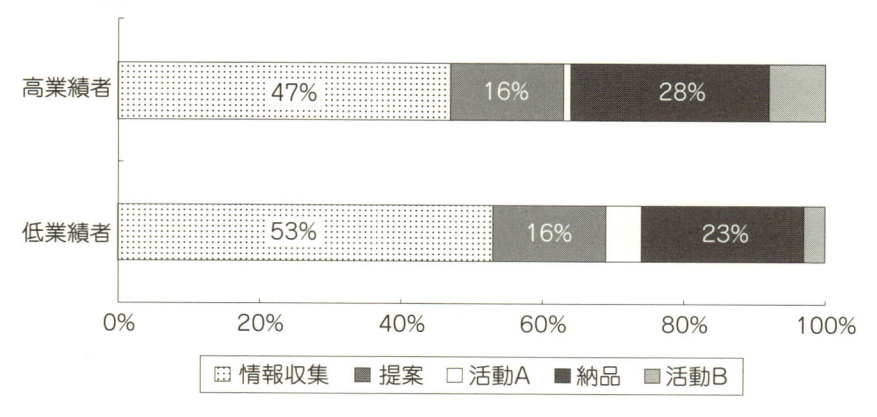

業務活動分析に基づく労働時間コントロール

　労働時間短縮は業務に要するすべての時間を一律に削減することではありません。業務内容やフローの見直しなどにより所要時間を短くし，従来よりも短時間で同等もしくは従来以上の高い成果を出すことを目指すものです。

　このためには，成果を生み出すために必要な業務を行う時間を増やし，必要性が低い業務にかける時間を減らす，もしくは業務そのものの改廃を検討することが必要です。業務活動分析を用いて，**業務を「増やす」「維持する」「減らす」「やめる」の４つに分類し，一定の労働時間の中でのシェアをコントロールする**ことで生産性向上を図ることができます。

　では，架空の例でどのように労働時間をコントロールするのか見てみましょう。図表6-20は架空の営業組織の業務活動別労働時間を表しています。

　この組織は，組織メンバー全員の労働時間合計を１ヵ月1,100時間内に収めようとしています。労働時間合計は，５月の実績を今後も維持すれば良さそうです。しかし，５月以降は提案活動が活発になる時期であり，「提案」業務にかける時間が増加することが予測されます。今の業務の進め方では６月以降の労働時間は1,100時間を超えることでしょう。総労働時間を1,100時間以下に抑えつつ「提案」活動の時間を増やすための方針を検討する必要があります。

図表6-20　営業組織の業務活動別労働時間（４月・５月）

	4月		5月	
	時間	%	時間	%
情報収集	200	21%	250	23%
企画・資料作成	300	32%	350	32%
提案	50	5%	100	9%
納品	200	21%	200	18%
会議	100	11%	110	10%
面談マネジメント	100	11%	90	8%
合計	950		1,100	

◻ 業務活動の分類による業務の選別

これも架空の例ですが**図表6-19**で取り上げたように高業績者は「情報収集」時間が少なく，「納品」行為を行うなかで「情報収集」を行っていることがわかっているとします。

そこで，「増やす」業務を「提案」「納品」とし，「情報収集」を「減らす」業務と分類します。総労働時間の中で最も高いシェアを占めている「企画・資料作成」については，企画会議の効率化や統一フォーマットを用いて資料作成することで効率化することができそうなので，「減らす」業務に分類します。「会議」時間も効率化ができそうですので「減らす」業務に分類します。一方で，仕事の仕方を変えることになると，不具合が出ないかを丁寧にマネジメントする必要があるので「面談・マネジメント」の時間は「維持する」業務とします。なお，「やめる」業務は今回はありません。

図表6-21はこの方針を反映させた業務活動ごとの労働時間計画案です。グレーになっている活動が「増やす・維持する」業務，すなわち業績をあげる上でコアとなる業務と言えます。

このように労働時間の望ましい配分を決めたら，「増やす」「維持する」「減らす」ための取り組みを実行し，毎月の労働時間と業務活動を確認します。

図表6-21　営業組織の業務活動別労働時間計画

	5月		計画		
	時間	％	時間	％	
企画・資料作成	350		300		
情報収集	250	65％	200	55％	減らす
会議	110		80		
納品	200	27％	220	36％	増やす
提案	100		160		
面談マネジメント	90	8％	90	9％	維持する
合計	1,100		1,050		

図表6-22　営業組織の業務活動別労働時間推移

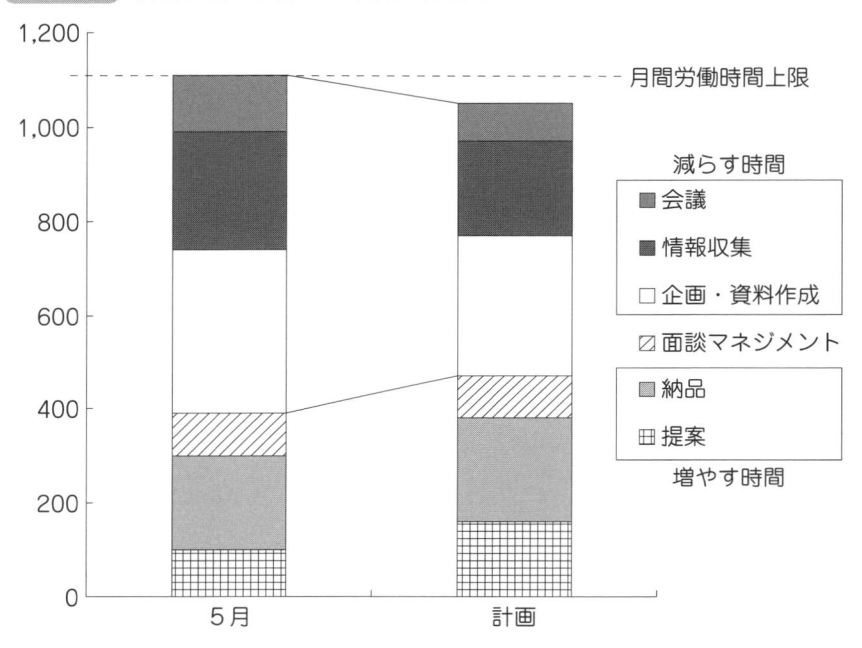

　注目すべきは，総労働時間（時間の長さ）とコアとなる業務の比率（時間の中身）の2つです。各施策が機能して「減らす」業務が減って総労働時間は減少しているのか，その一方で，「増やす」「維持する」コア業務に時間を割くことができているのかをチェックしていきます。

第7章 知の交流の促進

第1章　働き方改革ってなに

Part I なぜ働き方改革を行うのか （WHY）	Part II 働き方改革で何をするのか （WHAT）	Part III 働き方改革をどう進めるのか （HOW）
第2章 働き方改革の目的をおく 第3章 前提の把握	第4章 テーマの決定 第5章 働き方の自由度向上 第6章 労働時間の短縮 第7章 知の交流の促進	第8章 働き方改革の壁の乗り越え方 第9章 働き方改革を成功させる プロジェクト推進 第10章 人事制度への反映

Summary

　多くの企業が働き方改革の主要な目的としてイノベーションを掲げています。新たな価値を生み出すための取り組みには，ナレッジ共有，社外での知見習得機会の提供などさまざまなものがあります。働き方改革は企業と従業員が共に未来を作る取り組みですから，新たな価値の創造は働き方改革に取り入れるべきテーマです。

　この章では，新たな価値創造に向けた知見・ナレッジの交流を促進する具体的な取り組みを当社の事例を含めて紹介します。

1. 働き方改革の先に目指すもの

◻ 働き方を前向きに

　第2章でも触れましたが，働き方改革の直接的な目的は生産性の向上や労働時間の短縮とおかれがちです。しかし，これらは企業にとって最終的な経営目的にはなりえません。例えば，生産性は一般的に産出量÷投入量という計算式で表され，労働生産性であればその分母は人件費や労働時間となります。労働時間を短縮すれば確かに生産性は上がりますが，労働時間を極限まで削減してしまったら，企業は存続する意味がなくなってしまいます。

　そのため，企業は短期的には生産性向上や労働時間の短縮に注力するとしても，それをある程度まで進めた後は，未来に向けた取り組み，すなわち新商品開発や事業開発など，新たな価値創造を促す施策に向けた施策も視野に入れる必要があります。**働き方改革を，やらなければならないのでやるという後ろ向きのものとしてだけではなく，より前向きな取り組みとして位置づける**のです。

　しかし，この取り組みのメッセージは丁寧に行う必要があります。例えば，長時間労働が法令違反となっているような状況の中で「新たな価値を……」と言ったところで，従業員は実感が湧かず，しらけてしまうということが起こります。また，労働時間を短縮しなければならない一方で新たなことを始めるように見えると，会社としての方針が矛盾していると思われたり，労働時間短縮に本気ではないと受け止められたりする可能性もあります。

　そのためまず前提として，これまで述べてきた「働き方の自由度向上」や「労働時間の短縮」に取り組み，その上で新たなことを行うとメッセージすべきです。

　新たなことを行うに際しては，社内外の知を交流させ，新たな価値創造を促進する施策が有効です。以下では，その代表的な例を紹介します。

2. 社内の知の還流

◘ 新たな知の創造・交流を促す施策

　社内において新たな価値創造のために行われる代表的な施策は，社員教育という社内での学習機会の提供でしょう。また，新事業の提案制度，業務改善提案制度といった，社員からのアイデアを募る施策を導入する企業も増えてきました。社員の業務上の工夫や取り組みを共有するナレッジ共有イベントも社内の知を交流させ，知の新たな結合を促すためには有効です（**図表7-1**）。

◘ ナレッジマネジメント

　社内において地の交流を促進させるためには，仕事のノウハウやベストプラクティスといったすぐに活用できるナレッジに加えて，新たな価値創造につながる情報は適切に組織にストックし，誰もがスピーディーに活用できる状態にしておくべきです。組織が大きくなって細分化すると，専門化・高度化した重

図表7-1　社内で新たな知の創造・交流を促す施策

社員教育	• 自社の業務やキャリアプランに合わせた能力開発を支援
新事業提案制度	• 社員が新規事業・新サービスを提案する制度 • 審査を通過すると，事業化プロジェクトを発足できる
業務改善提案制度	• 自発的な業務改善を推奨・促進することを目的に，業務改善アイデアや取り組みを提案する制度 • 審査を通過すると，経営の後押しを受けて具体的な検討に進む
ナレッジ共有イベント	• 各自の仕事や工夫をプレゼンテーションし，お互いを称え合うとともに，ナレッジシェアを促進する
ナレッジマネジメント	• 仕事のノウハウやベストプラクティスを活用しやすいようにストックする

要な知識が各専門部隊や個人に偏在していきます。個人の知識やノウハウを組織の中に還流していくことができれば，作業のスピードアップによる生産性の向上と，知見の移管による能力向上を同時に実現できます。

　労働生産性の向上を継続的に行っていくためにも，組織全体でナレッジ共有の仕組みを整え，個々のナレッジが組織知として効率的に活用されるよう，情報の集約・還流の仕組みを構築することが重要です。

3.　社外との知の還流

☐　兼業の奨励

　兼業を行うことは，社外の情報に触れ，新たな視点を取り入れる機会になります。社外において金銭を得ながら活動することは，自分の実力を理解することにもつながるため，自らの長期的なビジネスキャリアを考えたり，将来に向けて身につけるべき専門性を明確にするためにも有効でしょう。

　兼業といってもさまざまな形態があります。フルタイムで働く社員が，正社員として他社に勤めることは現実的ではないでしょうが，週末のみ親族の店舗を手伝うことはあるでしょうし，自らの知見・趣味を生かして講演を行ったり，Webサイトを利用して物品を販売したりすることもあるでしょう。また，不動産を貸して収入を得る，株式などの金融資産から利益を得るといったこともあります。

　会社は個人の私生活の自由に及ぶ部分を規制することはできないため，兼業をすべて禁じることはできません。同業他社での仕事や，深夜業など，従業員の身体的，精神的に負荷が大きい仕事，従業員として相応しくない仕事以外は積極的に容認し，むしろ兼業を奨励するほうが健全です。

図表7-2　当社の兼業の条件

条件	内容・理由
就業日・時間および業務遂行に影響させない	・雇用関係を結んでいる以上，あくまでも本業は当社での業務 ・兼業の占める割合が大きくなり，兼業が本業の遂行に影響を与えるような状態は許されない
勤務に支障をきたさないよう，精神的，肉体的疲労回復のための適度な休養が確保できる	・労働者が自由時間に精神的・肉体的疲労の回復のため適度な休養をとることは，次の労働日における誠実な労務提供・安全確保・事故防止の基礎的条件である
社内外関係者への影響がない	・顧客，従業員，その他の会社関係者に対して，兼業の協力依頼や商品購入の勧誘を行うなど，経営秩序や風土を乱すことは許されない
会社の対外的信用を損なう恐れがない	・当社の従業員として不適切な兼業を行うことが会社の信用毀損につながることは許されない

◻ 当社の例：兼業の条件

　当社では，当社以外で業務を行う場合は，報酬の有無にかかわらず，兼業の申請を求めています。そして，**図表7-2**に示すように，就業，業務，社内外の関係者，会社の信用などに悪影響が出ないことを条件に兼業を認めています。

◻ 出向制度

　兼業の容認と奨励が社外での交流機会の獲得を個人に委ねるのに対し，社外での機会を従業員に与えることに会社がよりコミットするのが他社への出向制度です。非連続的な成長の機会が社内だけでは十分ではないと考える場合は，他社への出向を有効な育成機会として活用するといいでしょう。

　出向は1社だけでなしうるものではなく，出向先とのやりとり・調整が必要となるため，実現までには出向条件の決定や契約手続きを含めた準備が大変ですが，トライする価値のある取り組みです。交換出向という形で相互に社員を

図表7-3 出向で想定されるリスクと対策

リスク	内容	対策
情報漏えいリスク	・出向先およびその取引先の機密情報を知る立場となる	・出向先・出向元の情報セキュリティルールを遵守する
労務リスク	・出向先での労働時間が長期化する ・出向先で労災事故が発生した場合の責任は出向先だが，重篤なケースでは出向元も責任を問われる可能性がある	・出向先での労働時間管理を徹底する
自社利益誘導リスク	・出向先において，出向元に有利な商取引を行う	・出向先での受発注は，出向先部署の上長が決裁する

受け入れるというのも，新たな目で自社を振り返る良い機会となりえます。

　ただし，自社の社員を他社に勤務させるという出向には，図表7-3で示すような特有のリスクもあるため，出向先とともにあらかじめ対策を念入りに合意しておく必要があります。

4. CSR・社会貢献活動の充実

◻ CSRを働き方改革に位置づける

　昨今では多くの企業がCSR（Corporate Social Responsibility，企業の社会的責任）の名の下に，社会貢献活動やボランティア活動を行っています。このような企業の社会への貢献活動は直接的に未来の社会のためでもありますが，同時に新たな価値創造に向けた知の獲得にもつながります。そのため，**CSR活動などは働き方改革の一環として位置づけることができますし，むしろ，なぜ企業はCSRをするのかという問いへの答え**ともなります。

🔲 当社の例：CSR活動

　当社では，「私たちは，個人と組織が相乗的に価値を高め合っている社会の実現に向けて，社会課題の解決に積極的に取り組みます」ということを【CSR方針】として掲げ，

　　○経営資源を活用した社会課題解決

　　○事業化による継続的な社会貢献

　　○社員による社会貢献活動の支援

　　○環境の保護・法令の順守

の4点を通じて社会に貢献していくこととしています（図表7-4参照）。

　2番目にあげた「事業化による継続的な社会貢献」は「経営資源を活用した社会課題解決」に営利企業として持続的に取り組むためには，事業として適切なリターンを得る必要があることを示しており，本業を通じた社会貢献を意味

図表7-4　CSR方針

【Vision】
個人と組織が相乗的に価値を高め合っている社会の実現を目指す

【CSR方針】
私たちは，個人と組織が相乗的に価値を高め合っている社会の実現に向けて，社会課題の解決に積極的に取り組みます

- 経営資源を活用した社会課題解決
　私たちのサービスやノウハウを活用して，社会課題の解決に取り組みます
- 事業化による継続的な社会貢献
　社会課題の解決に事業として取り組むことで，持続的に貢献することを目指します
- 社員による社会貢献活動の支援
　社員の社会貢献への意志と行動を尊重し，社会貢献活動を支援します
- 環境の保護・法令の順守
　社会の一員としての責任を認識し，社会良識に照らして節度ある行動をとります

個人と組織が相乗的に価値を高め合っている社会の実現

事業化による継続的な社会貢献

経営資源を活用した社会課題解決

社員による社会貢献活動の支援

環境の保護・法令の順守

します。

図表7-5はその他の「経営資源を活用した社会課題解決」,「社員による社会貢献活動の支援」,「環境の保護・法令の順守」に関連する施策をまとめています。

まず,「経営資源を活用した社会課題解決」に関しては,当社のコンサルティングサービスや研修ビジネスのノウハウを活用して,NPO法人と協働し,

図表7-5 CSR施策一覧

経営資源を活用した社会課題解決	プロ活 　NPO法人と協働し,社員のプロボノ活動を支援する NPO法人向け講座企画 　ボランティアセンター・市民活動センターと協働し,NPO法人向け研修講座を企画
社員による社会貢献活動の支援	マッチングギフト 　社員が寄付を行った団体に対して,会社の同額の寄付を行う 社会貢献活動費補助 　社員が行う社会貢献活動について,年間5万円を上限に金銭的支援を行う ボランティア休暇制度 　社員が行う社会貢献活動について,年間5日を上限に休暇取得を認める ボランティア休職制度 　社員が行う社会貢献活動について,3年を上限に休職を認める セミナールーム・会議室の無償貸出 　本社顧客エリアのセミナールーム・会議室をNPO法人に対して無償貸出を行う 社内販売 　社会福祉法人より社内販売にご協力いただき,障がい者の経済的支援を行う
環境の保護法令の順守	入社時CSR教育 入社時情報セキュリティ・コンプライアンス教育 テレワークの積極的導入による環境負荷軽減 紙資料の削減 環境に配慮した印刷と事務用品のリユース

社員のプロボノ活動（職業上持っている知識・スキルや経験を活かして社会貢献するボランティア活動）を支援（詳細は後述）したり，NPO法人向け研修講座を企画することでNPOを支援し，間接的に社会課題の解決に取り組んでいます。

「社員による社会貢献活動の支援」では，社員が寄付を行った団体に対して，会社の同額の寄付を行う「マッチングギフト」を導入しているほか，社員が行う社会貢献活動について，年間5万円を上限に金銭的支援を行っています。社会貢献活動を目的とした休暇取得も奨励しており，年間5日を上限としたボランティア休暇制度と，3年を上限としたボランティア休職制度（CBL休職制度，詳細は後述）も導入しています。

また，本社のセミナールーム・会議室のNPO法人に対する無償貸出なども行っています。

加えて，社会の一員としての責任を認識し，「環境の保護・法令の順守」も意識して，紙資料の削減や，環境に配慮した印刷と事務用品のリユースを行っています。紙資料の印刷には植物油インキを使用し，用紙にはFSC森林認証を受けた原材料で作られたものを使用しています。

⬛ 当社の例：プロフェッショナルによるプロボノ活動「プロ活」

当社では，社員のスキルを生かした社会貢献活動の一環として，NPOの中間支援団体と協力し，社員に対してのプロボノ活動機会と活動のための環境を提供しています。

社員によるプロボノ活動を支援し，社員への豊かな社会体験の機会提供を積極的に行うとともに，NPO法人の活動基盤強化を通じて社会課題解決の支援をしようという試みです。

プロボノ活動のような個人での社会貢献は個人でやるべきとの考えもあります。しかし，社員に確認したところ

「社会貢献活動や，NPO法人での活動に興味はあるものの，どこからどのよ

図表7-6 「プロ活」の概要

プロジェクト構成	・5-6名／プロジェクト
活動量	・週5時間×4ヵ月～6ヵ月
支援先	・「教育格差是正」もしくは「地域創生」をテーマに活動するNPO法人
支援内容	・ファンドレイジング（営業資料作成） ・業務改善（業務フロー設計，運営マニュアル作成） ・事業戦略立案（事業計画立案，マーケティング基礎調査）
会社からの支援	・活動にあたって会社PC，会社支給の業務用iPhone，会社のメールアドレス，オフィスを利用可 ・交通費，保険など諸費用を会社負担 ・プロフェッショナル支援ポイント（後述）として50ポイント（5万円相当）を付与

うに探せばいいのかわからないし，たくさんの団体がある中から選べない」

「やりたくても個人ではきっかけがない」

「会社が認めているCSR施策であれば参加しやすい」

といった声が多かったことから，会社として機会を提供すべきと判断しました。

そして，プロフェッショナルによるプロボノ活動なので「プロ活」と呼称することとし，当社のビジネスに親和性が高く，当社社員のスキルが活用できる可能性が高い「教育格差是正」と「地域創生」をテーマに活動するNPO法人を支援することとしたのです。

プロボノ活動を支援している会社のほとんどは，プロボノ活動を「就業時間外活動」として，基本的に会社からの支援は行わないことが一般的です。当社では，「就業時間外活動」ではあるものの，積極的にプロボノ活動を支援するために，通常の業務で使用している機器，ツールを使用することを可能としたほか，金銭的な補助も用意しています（**図表7-6**）。

☐ 当社の例：CBL（Cross Border Leave）休職

当社では，これまでも産前産後休暇や育児休職制度，介護休職制度に加えて，

図表 7 - 7　CBL（Cross Border Leave）休職制度

利用対象者	・雇用期間の定めのない従業員で勤続 3 年以上の者
休職可能期間	・3 カ月～ 3 年（準備を含めた期間）の該当活動に必要な期間の利用とする
申請タイミング	・社会貢献活動への参加が確定（選考等に合格）してからの申請でも（休暇取得の 3 カ月前までに申請し、事前承認を得ること）
給与	・無給
社会保険	・休職開始時に喪失、復職時に再加入
福利厚生	・対象外

社外活動、研究、スポーツ、芸術、その他活動に従事することや、MBA（経営学修士）などの取得を目的に国内外の大学および大学院へ留学のために本人が申し出て、会社が認めたときには休職を認めてきました。ここに、2017 年度より青年海外協力隊での海外派遣といった、年単位での長期にわたるボランティア活動への参加を想定した「ボランティア休職」を追加しています。このボランティア休職は名称を「CBL（Cross Border Leave）休職」とし、社員の社会貢献活動による越境体験を支援する制度としています（図表 7 - 7）。

5.　学習補助

□ 当社の例：能力開発補助制度プロフェッショナル支援ポイント

当社では、福利厚生制度として、さまざまな福利厚生メニューの中から、各人が保有するポイントの範囲で、自分に合ったメニューを自由に選択するカフェテリアプランを導入しています。それとは別に、個人の能力開発を金銭的に支援するプロフェッショナル支援ポイント制度を導入しています。

業務成果やナレッジの創出、認定資格の取得などの知的活動の成果に対して所定のポイントを付与し、さらなる知見獲得の自己啓発によってプロフェッ

図表7-8　プロフェッショナル支援ポイント制度

ポイントの価値	・1ポイント当たり1,000円
ポイント付与対象	（入社時に初期ポイントとして100ポイント付与） ・社内表彰 ・ナレッジ共有 ・社内研修講師 ・社外発信（HPや機関紙への記事執筆） ・学会発表 ・社外誌寄稿 ・書籍出版 ・資格取得 ・語学スキル習得
ポイント利用対象	・通信教育・eラーニング ・社外スクーリング ・研修受講（会社の提供する研修は別） ・セミナー参加 ・海外視察 ・受験料 ・学会加入費 ・書籍購入　　　など

ショナルとしての成長を支援します。

　ポイントは入社時に初期ポイントとして100ポイントが付与され，その後は，資格取得，社内外活動など，会社が定めた活動（成果）に対してポイントが付与されます（**図表7-8**参照）。付与されるポイント数は，要する時間，会社としての推奨度，社内外への影響度などを勘案して決められています。

　付与されたポイントは自己啓発（ビジネスキャリア形成に寄与するもの）に関する費用補助に利用できます。

◻ 社員交流のための費用負担

　社内でのサークル活動のための費用を会社が一部負担することも考えられます。

　「早く帰っても特にすることがない」，「家に帰ってもぼんやりしているだけなので，仕事をしていたほうがいい」といった人も案外多くいます。そのような人たちは，労働時間を短縮させることにモチベーションは湧きませんし，知の交流を図るような機会をつくる意識も希薄です。そのため，社内の同好の士を集めた部活動やサークル活動を活発化させることで，仕事以外の時間の使い方のバリエーションを増やしてあげるのです。

　福利厚生費を拡大して部活動費を会社が負担したり，社内の会場・施設をサークル活動に開放したり，同好の士を集めるメディアとしてイントラネットの利用を認めるなど，さまざまな支援方法があります。仕事以外のさまざまな活動を促すことで，新たな価値が創造される環境を整えていくといいでしょう。

Part Ⅲ
働き方改革をどう進めるのか

Points

「なぜ行うのか（WHY）」，「何をするのか（WHAT）」が整理できたら，いよいよ実行です。働き方改革は経営・従業員の双方を巻き込んだ大きな取り組みです。経営，現場の管理職やメンバー1人ひとりの主体的なコミットを引き出せるかどうかが，働き方改革が成功するかどうかを左右する大きなカギとなります。

Part Ⅲ では，働き方改革を進める上で発生する問題や阻害要因を整理し，それを踏まえて全社をどう巻き込んで推進していくべきなのかという望ましいプロセスについてまとめます。加えて，それらの取り組みや施策を人事制度や規定にどのように反映させていくのかを考えます。

第8章
働き方改革の壁の乗り越え方

第1章　働き方改革ってなに

Part Ⅰ	Part Ⅱ	Part Ⅲ
なぜ働き方改革を行うのか （WHY）	働き方改革で何をするのか （WHAT）	働き方改革をどう進めるのか （HOW）

	第4章 テーマの決定	**第8章** **働き方改革の壁の乗り越え方**
第2章 働き方改革の目的をおく	第5章 働き方の自由度向上	第9章 働き方改革を成功させる プロジェクト推進
第3章 前提の把握	第6章 労働時間の短縮	第10章 人事制度への反映
	第7章 知の交流の促進	

- - - - - - - - - - **Summary** - - - - - - - - - -

　働き方改革は経営と現場が連携しながら進めますが，実行の主役は現場です。

　実際に取り組みが始まると，現場からはさまざまな声があがります。従業員からの質問や声に対応するのは現場の管理職ですので，人事や働き方改革の事務局は，管理職が迷うことのないように支援することが必要です。

　第8章では，実際に働き方改革を進めると必ず出てくるであろう現場からの声を紹介するとともに，現場の管理職をどのように支援すべきかについて述べます。

1. 働き方改革のあるある

▢ 総論賛成各論反対！

　目的をしっかりと定め，重点テーマを絞り，やるべきことを決めても，働き方改革を進めることは簡単ではありません。必ず発生するのは総論賛成各論反対です。働き方改革は重要だし，趣旨も理解した，だが目の前の仕事を行うにあたってはそんなことは言っていられない，というものです。

　しかし，例えば労働時間を短くしようとしているなかで，今日だけは無理，この時期は無理，このプロジェクトが終わるまでは無理，と言っていたのではいつまでたっても進みません。

　また，うちの部署は他の部署とは事情が異なるので，働き方改革はそぐわないという意見もあるでしょう。営業部門であれば，お客様の都合を第一に考えるため，働き方とか労働時間とか言っている場合ではないという声が出そうです。しかし，それではその営業をサポートしているスタッフ部門も同じことです。結局，一部の例外を認めると必ず他の組織にも影響が及び，働き方改革の取り組みは立ち消えてしまいます。

　これに対しては，統一ルールを設け，例外事項をなるべく少なくして，ある程度強制的に進めるしかありません。もちろん，何の準備もせずに無理なことを強制しても効果はありませんから，手順を尽くし，丁寧に進める必要があります。

▢ 非協力組織の存在

　働き方改革の初期段階では，前向きではない組織・部署もあるでしょう。確かに，生産性が極めて高く，仕事以外のライフも充実しているメンバーばかりの組織もあるかもしれません。そのような部署では，これ以上の働き方改革は

必要ない，という声が出るかもしれません。

　しかしながら，そんなすばらしい組織はなかなか存在しないものです。むしろ自分たちは大丈夫だと思っている組織は，当事者意識が薄くなりますから，働き方改革を推進する際には注視する組織といえます。

　自分たちは大丈夫だとして当事者意識がない人の中で**もっともたちが悪いのは，うちの部は頑張っているし問題はないが，あそこの部署のあの業務は何とかしたほうがいい，と他の組織のことを想像で問題視**することです。事情も知らないままに他部署のことを余計なお世話でおもんぱかる前に，当事者意識を持ち，まず自分の部署について考えてもらいましょう。

◻ 評論家の出現

　当事者意識が欠如すると，働き方改革の狙いや，取り組もうと決定した施策についても，これはダメだ，こんなことできるわけがない，これでは効果がない，と評論家のように批判だけする人も現れます。第4章で述べたように，働き方改革に対しては誰もが意見を持っており，その立場・状況が多様ですから，どんな取り組みであっても，全員にプラスの影響が出るようなものはありえません。

　例えば，テレワーク制度は，オフィスで仕事をすることのほうが集中できるし効率が上がる人にとってはメリットがありません。むしろテレワークを強制されると困ってしまうでしょう。スケジュールの一覧化も，これまで習慣がなかった人にとってはめんどくさいものかも知れません。

　しかし，嫌だという人の側に立って何でもかんでも批判していたら企業は何もできなくなってしまいます。そのため全員の当事者意識を高めるような仕掛けが重要なのです。

美化される成功体験

　ある程度社会人としての経験がある人ならば，誰しも成功・失敗の経験があるものです。中でも，追い詰められてプレッシャーの高い状況で頑張った結果成長できた，という経験は，多くの人にとって財産のようなものであり，ついつい昔はこうだった，俺のときはこうだったという美談にしてしまいがちです。

　この経験・美談は，働き方改革の足を止める曲者（くせもの）です。わき目も振らずに仕事した，夜も寝ないで頑張った，という体験は，ワーク・ライフ・バランス，労働時間短縮といった働き方改革とは逆行しているように見えるからです。

　思い返してみれば，十数年前の日本企業のほとんどは今で言うブラック企業のようなものなのかもしれません。また，追い詰められる状況の中で人が成長することは大いにあるでしょう。しかし，だからといって，徹夜で仕事したから成長した，というわけでもないはずです。

　どうも印象深い思い出は大げさになってしまうようです。徹夜で仕事をして成長したかもしれませんが，毎日徹夜していたら倒れていたはずです。このように**特定の日の体験を，あたかも日常的に行っていたかのように理解することは間違っています**が，どうも経験はそのように語られがちなので注意が必要です。

　ベテラン社員ほど過去の，特に苦労した（ブラックな）体験を誇らしげに語り，時に美談にする傾向があります。しかし，その体験は特別なことであり，常態ではなかったことを認識してもらうほうがよさそうです。

クセの矯正への抵抗

　経験豊かなベテラン層を中心に，誰しも仕事を行う上での習慣やクセのようなものがあります。例えば，当社のあるベテラン社員は夜就寝前にメールをチェックすることを何十年も習慣としてやってきていました。これは自分のクセだし誰にも迷惑はかけていないので，好きにさせて欲しいというのが主張で

した。

　しかし，メールのチェックだけでは終わらず，チェックしたメールに返信を
したり，別のメールを発信してしまったりすれば，周りの人はそれに反応しま
す。特にベテランから深夜にメールが来ることがわかっていれば，若手はそれ
に合わせようとします。迷惑はかけていないという意識があったとしても，周
りの働き方に影響を与えているのは明らかなのでやめて欲しい，という話をし
ました。

　働き方改革はクセの矯正のようなものでもあります。ずっとこれでやってき
た，という理由で働き方を変えようとしない人は必ずいます。しかし，そう
いった人にこそ，働き方改革の意味と取り組みをしっかりと理解してもらう必
要があるのです。

2.　現場への権限の委譲

　**働き方改革の主役は現場です。そのため現場の責任者である管理職の役割は
非常に大きい**ものとなります。例えば，労働時間の短縮により業務が回らない，
とメンバーが言って来たら，何とかやりくりを考えたり，必要な判断を下すの
はそのマネジャーの役割です。

　もしマネジャーレベルで判断ができないのであれば，その上長に判断を仰ぐ
でしょう。それでも判断ができなければさらに上位組織の責任者に，というよ
うに課題解決は上位の組織の責任となりますが，現場で判断・解決すべきこと
は現場レベルでどんどん解決していくべきです。判断が難しいものは最終的に
全社で判断が必要であったり，全社での判断基準を作ることになりますが，
困っている一部の部署の一部の人のために細かいルールを作っていたのではキ
リがないからです。

　現場で判断すること，全社で基準をそろえること，の決定はなかなか難しい
問題です。例えば，当社でもテレワーク制度を導入していますが，現在のとこ
ろこの制度を利用できるのは，「自律して業務が遂行できる」人だけに限って

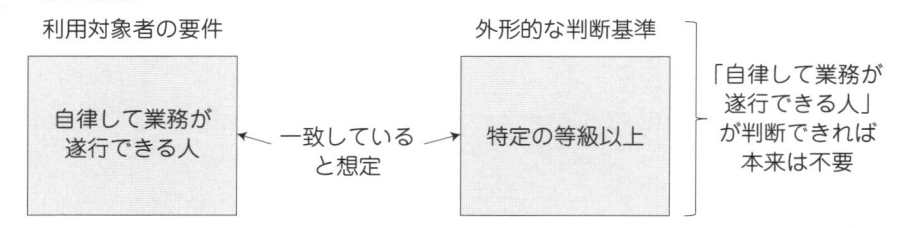

図表8-1 当社のテレワーク制度の対象者要件

います。そして，「自律して業務が遂行できる」人であるか否かを判断する基準として，全社の人事等級を使用し，一定の等級以上の人に限ってテレワークの使用を認めています（育児・介護などで必要な場合は除く）。

　これは，ある一定の等級以上であれば，業務を自律的に組み立てて遂行できるということを前提にした基準ですが，本来の意図からすれば，等級とは関係なく，「自律して業務が遂行できる」人であれば，テレワークは認められても良いはずです。つまり，「自律して業務が遂行できる」人かどうかが判断できるのであれば，全社としての外形的な判断基準である等級は不要なはずです（図表8-1）。

　しかし，外形的な判断基準がないと，現場で1人ひとりに対して部署長が「自律して業務が遂行できる」人かどうかを判断するしかありません。これ自体も大変でしょうし，1人ひとりに対して，あなたはOK，あなたはダメ，とちゃんと説明する必要が生じます。

　当社でも，人事等級ではなく現場でつど判断させてもらいたい，というマネジャーがいる一方で，全社的な基準があったほうが判断しやすいし効率的だというマネジャーもいます。そして現在のところは全社的に外形的にわかりやすい判断基準をおいているのです。

❏ ボトムアップの限界

　繰り返しになりますが働き方改革の主役は現場であり，取り組みの基本姿勢

は現場からのボトムアップです。そのため，現場の管理職がその気にならなければ働き方改革は進みませんし，管理職の当事者意識も必須の条件になります。

　一方で，現場にだけ任せているだけでは，現場からの抵抗もあるでしょう。現場がこんなに頑張っているのに会社は変わらない，現場に押しつけて経営は本気ではない，といった声が上がってきたら危険信号です。

　働き方改革の目的や取り組みを明示し，全社として進める施策は進めていきますが，それに加えて，個別の場面や状況を想定して，どうそれらに対峙するのかを示すのも有効です。

　働き方改革を推進するためには，**マネジャーの覚悟，力量アップがもちろん必要ですが，これに加えて各マネジャーの判断基準をそろえ一貫した行動を促す**のです。

3.　重要な管理職の意識合わせ

◻ 判断基準の提示

　あのマネジャーが言っていることと，この部長が言っていることは全く違っているということになると，働き方改革の進め方が一貫していないと思われ，会社としての本気度も疑われてしまいます。

　そこで，判断や対応が難しい場面・状況を提示し，メンバーから働き方について問われたときにどう回答するのかを管理職が集まって考え，それへの対応の基準や観点をそろえることが有効です。このようなワークショップにより，個別の事象に対する管理職間の細かい意思の統一が図られます。またこのような機会は，働き方改革を何のためにやるのかを管理職が再認識し，推進を促進する貴重な場ともなります。

　以下では判断や対応が難しいいくつかの場面を示します。皆さんならどう答え，対応するでしょうか。考えてみてください。

〈もっと働きたい若手メンバー〉

「今は仕事に集中し，成長をしておかないと将来が不安です。労働時間短縮などといわずにやりたいだけ仕事させて欲しいです。自分はまだ実力がついていないので，仕事に時間がかかりますが，仕方がないと思います。もし仮にそれで体調を崩したとしても自分の責任ですから，会社に迷惑をかけたりすることはありません」

〈メンバーを成長させたいマネジャー〉

「私の部下は今，要望の高い重要なお客様を抱え，リーダーを担うプロジェクトが佳境に入っている。プレッシャーがかかるこの状況でどれだけ頑張るのかが今後のキャリアに非常に重要だと思う。そのため，必要であれば時間帯や平日・休日を問わず頑張らせたいし，本人もそう言っている。ただし，もちろん月間の労働時間上限は必ず守らせる」

〈さらに自由に働きたいメンバー〉

「仕事の効率を上げるためには，働く場所と時間が自由であることが重要だと思う。自分は自律的に働くことができ，テレワークをフルに活用したいので，会社に来ることを強制しないで欲しい。また，残業手当はいらないので，勤務時間は自由にデザインさせて欲しい」

〈長年の習慣を守りたいシニアメンバー〉

「自分は長年，1週間分の仕事の段取りを日曜日に立て，月曜からその段取りに沿って仕事をしてきた。これによって非常に効率的に仕事ができてきたと思っているし，誰にも迷惑はかけていない。休日勤務になるかもしれないがこれは習慣のようなものなので認めて欲しい」

〈育児・家事と仕事の両立をしたいメンバー〉

「帰宅後は，家事と育児が落ち着いた後の夜に仕事に取りかかりたいです。深夜勤務になってしまいますが抱えている仕事はしっかりやりたい。場合によっては休日に仕事をしてもかまいません。なお，16時から21時の間は仕事をすることはできません。恒常的にこのような働き方をすることを認めて欲しい」

〈趣味と仕事の両立をしたいメンバー〉（前例の応用問題）

「帰宅後は，自分の勉強や趣味，友人との交流の時間を充実させたい。その後夜に

仕事に取りかかりたい。深夜勤務になってしまうが抱えている仕事はしっかりやりたい。場合によっては休日に仕事をしてもかまわない。恒常的にこのような働き方をすることを認めて欲しい。

　家事・育児で同じような勤務時間になる人はいると思う。自分は育児はしていないが，それは自己の選択の結果だと思う。育児だと認められて趣味だと認められないというのは納得できない」

◻ 判断に必要な観点

　いずれも判断が難しい場面ではないでしょうか。対応を考える際には，労働基準法といった法令に反していないかという法的観点，心身にどのような影響があるのか・ないのかという従業員の安全衛生面での観点が必要です。

　そして，何よりも，企業がどのような働き方を目指しているのか，どのように従業員に働いて欲しいと思っているのかという，目指す働き方の観点が重要になってきます（**図表8-2**）。

図表8-2　判断に必要な観点

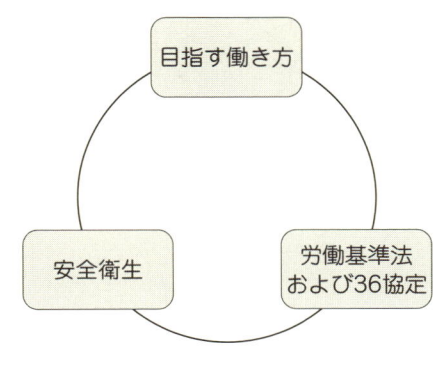

⬜ 当社の例：経営からのメッセージ

　当社では，本章であげた難しい場面や問いに対して，回答例・対処例を経営レベルで検討・合意し，全社にメッセージしています。また，管理職にその意味を丁寧に伝えて，その回答内容がばらつかないようにしています。図表8-3の回答例は，一般的な意味での唯一の正解あるいは最適解ではありません。あくまで当社においてはこう考えるという当社なりの妥当解であり，回答は皆さんの経験や価値観・企業の組織風土，そして目指す働き方によって変わりうるものだと思います。

図表8-3　回答例

場面	労働基準法	労働安全衛生法	目指す働き方
もっと働きたい若手メンバー	• 月間上限を超えて働かせてはいけない	• 従業員の健康・安全配慮は企業の義務 • 体調を崩した場合は企業の責任	• 体調を崩す働き方をしていては，長期的な成長は見込めない
メンバーを成長させたいマネジャー	• 月間上限時間内であればよい	• 体調を崩す目安である**月間上限時間**（**80時間**）内である	• 上司の関与のもと，長期的な成長に向けてメリハリをつけて働く
さらに自由に働きたいメンバー	• 働ける時間量には制約があり，企業には勤怠時間を記録する義務がある • 勤務時間を従業員が自由にデザインすることはできない	• メンバーの勤務実態が把握できないため，上司がメンバーの健康・安全配慮義務が果たせない	• 当社は「協働」を基本とし，専門性と同時に「組織貢献」を求める • このためテレワークの終日利用日数上限を週2日とし必要な場（定例会参加や上司報告など）への出席を本人に求める • 上司は，必要と判断した場合は出社を命じることができる

場面	労働基準法	労働安全衛生法	目指す働き方
長年の習慣を守りたいベテランメンバー	• 休日勤務に該当。週6日勤務を恒常的に行っていることになる。日曜に加えて土曜も出社した場合7日／週連続勤務することになり労基法「毎週少なくとも1回の休日を与えなければならない」に違反	• 実態として週6日勤務。労働時間上限内に収まっているか確認する必要がある	• 仕事は業務時間内に行うことが前提。定常的に休日勤務を行うのではなく，平日に行ってほしい • ベテランは，若手に対して良い例を示して欲しい
育児・家事と仕事の両立をしたいメンバー	• 月間上限時間内であればよい	• 恒常的に深夜勤務をしている場合は「常時深夜業従事者」となり半年ごとの健康診断受診が必要	• 業務時間内に仕事を行うことが前提 • 育児や介護など，本人の自由意思とは異なる理由で業務時間内に業務を行うことができない場合，一時的な対応としてこの働き方を認める • 恒常的に深夜・休日に働かないと対応できないというのは業務割り当てに問題があるため，アサインの見直しが必要
趣味と仕事の両立をしたいメンバー	• 月間上限時間内であればよい	• 恒常的に深夜勤務をしている場合は「常時深夜業従事者」となり半年ごとの健康診断受診が必要	• 業務時間内に仕事を行うことが前提 • 恒常的にこの働き方を行うことは認めない。翌日で業務を調整するよう指示する，業務量を減らすなどの対応を行う

法律やルールを守った上での自由

　現場の管理職には，労働基準法や36協定，労働安全衛生法，当社就業規則の内容やその重みに対する理解，管理職の持つ権限の理解を促し，その上で当社が目指す働き方に照らした判断基準を説明しています。

　当社では多様な人材を生かし，生産性高く働くことを志向して，働き方に対して一定の自由を認めていますが，法律や就業規則，人事ポリシーを超えないことが前提となります。従業員1人ひとりは，さまざまな価値観や指向を持っていますが，法律・就業規則を守り，当社の目指す働き方やバリューに基づいた働き方を推進することが必要です。

　上記の場面は極端に書いていますが，当社の管理職からは

「悩ましいケースだが，実際にこのようなことが多くなってきている」

「日ごろ，悩ましいと感じていたことだったので，指針となった」

「自分なりの解釈で判断をしていたが，法や規定の理解が深まった」

「判断基準が明確になってよかった」

などの声が寄せられています。

　働き方に関する自由度を高めることは誰もが賛成しますが，すべてが認められるわけではありません。さまざまな法律や規定の順守，自社が大切にする価値観の上に成り立つものです。管理職は管理責任がありメンバーからの申請を否認する権限も持っていますから，管理職は，法律や規定に加え，**図表8-4**のような働き方の大前提を再認識しておくことが必要です。

図表8-4　働き方の大前提

- 仕事は業務時間内に行う
- 休日は休む
- 退社後や休日は休み，業務を行わない
- 管理職は，必然性がないと判断した場合は，残業・休日勤務の申請を否認することができる
- 管理職は，出社の必要があると判断した場合は，テレワーク利用を否認することができる

第9章

働き方改革を成功させる
プロジェクト推進

━━━━━━━━━━ **Summary** ━━━━━━━━━━

　働き方改革の進め方を設計するにあたっては，経営の担う役割と現場の担う役割を分け，かつ，いたずらに時間をかけずに実行に移せるように検討・決定の場を設計するべきです。

　働き方改革は全社を巻き込む取り組みですので，従業員が主体的に動けるような工夫も必要です。なかなか成果を実感しにくい取り組みでもありますので，事務局は，現場の小さな変化をとらえたり，効果が出た取り組みを全社に広げる仕組みも構築すべきです。

　この章では働き方改革を成功させるために事務局が行うべきことについて述べます。

1. 推進の発火点

🔲 トップダウンとボトムアップの組み合わせ

　働き方改革は，経営陣から新入社員まで会社全体で進める取り組みです。このような全社的な取り組みでは，トップダウン・ボトムアップのいずれの方式も取りえます。しかし，経営トップが「働き方改革を進めよう」，そのためにとにかく一律で「労働時間を削減しよう」と号令を出してトップダウンで強制しても，「経営は現場がわかっていない」，「これだけ生産性高く働いているのに，これ以上何をしろというのか」と現場から強い反発が出ます。

　それならば，と現場の状況を一番わかっている各部署（ボトム）に検討を委ねれば，「これでは現場に丸投げではないか。経営の本気が見えない」と，これもまた強い反発が出るでしょう。

　しかし，現場の状況をすべて経営トップが把握できるわけではありません。現場の意思や課題認識がないままに個別の施策を決めることはできません。働き方改革の主役はあくまで現場です。ただし，現場に任せるだけでは何も進まないことも事実です。働き方改革には経営としての大きな意思が必要です。働き方を変えることの影響は特定の部署だけにとどまらず，全社に及ぶからです。

　働き方改革はトップダウンとボトムアップ双方を組み合わせて推進することが必要です。そのために大切なことは，経営が働き方改革に取り組む意思をしっかり表明し，その上で経営から現場までの全員が実際の取り組み施策を考え，実行に移していくプロセスと体制を整えることです。

🔲 進め方のポイント

　働き方改革を進めるにあたっては，働き方改革の対象を全社と問題のある個人に切り分けることが効果的です。その上で，全社を対象とする施策はなるべ

図表9-1　進め方のポイント

ポイント	内容
対象者の特定・切り分けと それに合わせた施策設計	・働き方改革の対象を全社と問題のある個人に切り分ける ・全社を対象とする施策は大げさに行う ・問題のある個人には個別フォローを行う
取り組みの検討・決定の場の設計	・取り組みを検討・決定する場を施策によって変える ・現場で調整ができない施策に関しては上位組織が調整する場を設ける
取り組み検討の観点例の提示	・取り組みの検討を円滑にするために，検討する際の観点や事例を事務局から提示する

く大げさに行い，問題のある個人に対しては個別にフォロー施策を講じます。

　また，働き方改革を推進するための取り組みはさまざまなレベルのものが考えられます。その中には，現場だけでは調整ができないものも含まれます。その際に上位組織が調整する場を設定しておくことが必要です。

　さらに，働き方を変えるといっても，何からどう始めていいのか現場は迷ってしまいますから，施策の検討と議論を促進するためにも，検討の観点や施策の例を提示しておくべきです。図表9-1ではこれら3つのポイントについてまとめており，この後，順に説明していきます。

2. 対象者の特定・切り分けと それに合わせた施策設計

☐ 全員を萎縮させない

　働き方改革は，やらなければならないと言っても，今すぐやらなければ会社が潰れるものではありません。また，今すぐに解決しなければ健康にかかわるほど劣悪な状況で労働を強いられている人はそれほど多くはないはずです。働

き方を変えることが今すぐにでも必要な人は，実は会社の中でもほんの一部だということはよくあります。逆に，多くの人は案外楽しく，やりがいを持って働いており，心身ともに充実していて，まだまだたくさん働きたいと思っていたりすることも，よくあります。

　働き方改革で気をつけなければならないことは，そのような前向きで健康な人々まで，過度に構えさせないようにすることです。働くことは悪いことではありません。**心身ともに充実している人に「働くな」と言って萎縮させては本末転倒です。**

🔲　全社と個別の切り分け

　しかしながら，働き方に問題がある人もやはり存在することも現実です。たとえ一部であっても，働き方が理由で体調を崩す人が発生することはよくないですし，ましてや取り返しのつかない不幸な出来事を起こしてはなりません。

　大部分の人が働き方に問題ないことは，大部分の人が，働き方改革は自分とは関係ないと考える可能性が高いことを意味します。そして，多くの人が自分は関係ない，自分の部署は関係ない，と考えると働き方改革は他人事になってしまい，本当に働き方改革が必要な人に対する取り組みの推進力が弱まります。萎縮させてはダメですが，やはり**働き方改革には全員で取り組む**必要があるのです。

　一方で，長時間労働が常態化しているような，全社一律の施策だけでは解決が難しい，本当に問題のある人も一部ですが存在します。このような人たちには全社だけではなく個別にアプローチしてフォローすることが必要です。個別にフォローを行う対象を決め，個人ごとに長時間労働となる要因を特定し，業務調整，業務スタイルの改善や指導，必要であれば能力開発を行うのです。

　図表9-2にこれまでの要点をまとめています。働き方改革は全社で推進するものなので，対象者を特定すると言うと，おやっと思われるかもしれませんが，全社に加えて長時間労働者のような個別フォローが必要な人を明確にして，

図表9-2 働き方改革の対象者と取り組み

対象者	取り組み
全員	全社で働き方改革活動を展開
長時間労働者のような個別フォローが必要な人	個人ごとに問題となる要因を特定し，業務調整，業務スタイル改善指導，能力開発を実施

その対象に適切な施策を講じていくことが必要です。

☐ 全員で大騒ぎする

　全員で取り組む働き方改革は，お祭りとまではいかないまでも明るく推進するといいでしょう。当社の例を後ほど紹介しますが，活動のロゴなども決めて，みんなで大騒ぎするのはどうでしょうか。

　企業によっては，実際のところ働き方改革は，大多数の従業員には関係なく問題もないものかも知れません。しかしながら，たとえ一部の従業員の問題に対しても管理職は危機感を高め，一方ですべての従業員には業務改善の機会と捉えさせるといいでしょう。

⬛ 当社の例：花びらセッション

　第2章で述べたように当社は働き方改革の目的を「社会体験の充実」とおき，目指す状態に向け労働時間の短縮や働き方・意識変革を進めています。

　従業員の中には，労働時間削減や働き方改革の大切さは十分理解できるが，その先の「社会体験の充実」は実感を持ちにくいと感じる人がいるのも事実です。そこで，当社の働き方改革の目的図（**図表9-3**（再掲**図表2-3**））を元に，働き方を変えて労働時間が短くなったらどのようなことをしたいのかを描くワークショップを行っています。

　この図は自分を中心にして，仕事とそれ以外の活動を花びらのように表しているため，「花びらモデル」と当社では呼称されています。各人は労働時間を短くして取り組みたいことや大切にしたいことなどを花びらに自由に記述します。花びらの数や名称，大きさは自由です。各自の花びらは組織内のワークショップ「花びらセッション」で共有します。

　図表9-4は，育児短時間を利用している従業員の花びらモデルの例です。育児と仕事の花びらが最も大きく，次が「健康」となっています。彼女は他の花びらに「勉強」「娯楽」「友人」をおき，この時間を豊かにしたいと語っています。

　このように働き方改革を，個人の「やりたいこと」とつなげることで，1人ひとりのモチベーションも高まりますし，共に働く人たちの花びらモデルを知ることで，互いに支援する動きへとつながります。

　この花びらセッションは，当社がお客様に対して働き方改革コンサルテーションやワークショップを行う際にも用いていますが，好評を得ています。

図表9-3　当社の働き方改革の目的（図表2-3再掲）

さまざまなバックグラウンドや指向を持つ1人ひとりが，仕事以外の社会体験を充実させることでプロフェッショナルとして成長し，新たな価値を生み出していく

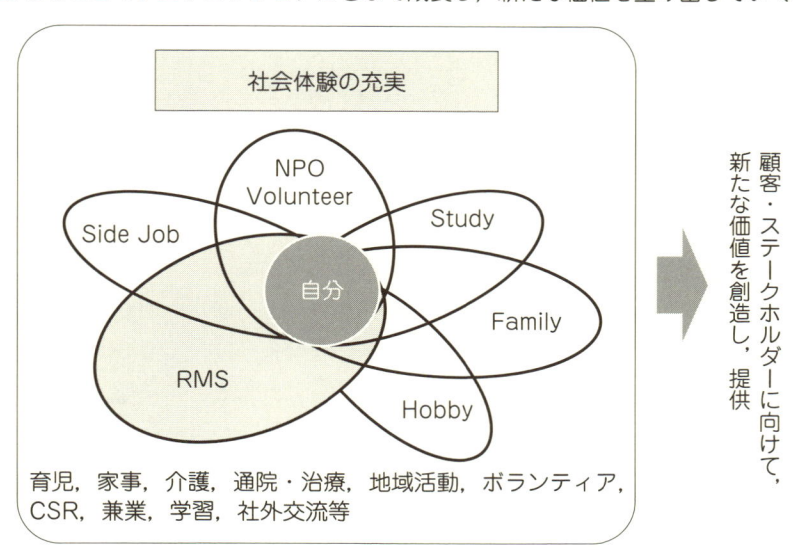

図表9-4　花びらモデルの記入例

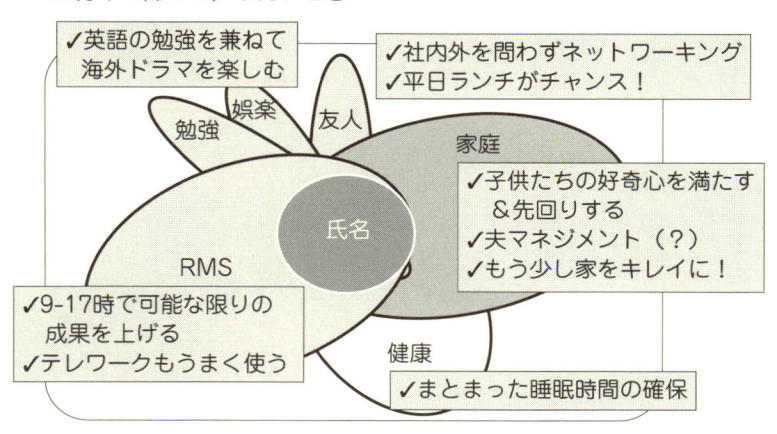

❏ 個別フォローはもう一歩踏み込む

　長時間労働になりがちな従業員に対しては，もう一歩踏み込んだ取り組みが必要です。長時間労働を生む背景にはいくつかの要因があります。一時的な業務負荷の高まりといった本人に起因しない要因もありますし，本人の業務スタイルや，担当業務を遂行するために必要な知識・スキルが不足しているといった，本人に起因する要因による場合もあります。

　このため，**長時間労働者への対応は，一律の施策ではなく個人ごとに要因を特定し対応策をとり，労働時間が短くなるようていねいにフォローアップしていきます**。図表9-5は長時間労働者への個別フォローのフローを表しています。

　前年度もしくは前月の労働時間実績をもとに個別フォローを行う対象を決め，要因を特定し，対応策を決めていねいにフォローします。対応策の結果はその後の各月の労働時間で確認します。長時間労働の要因が，本人に起因する場合は，業務の進め方を変えるように指導を行ったり，人材開発施策を行ったりす

図表9-5　個別フォローのフロー

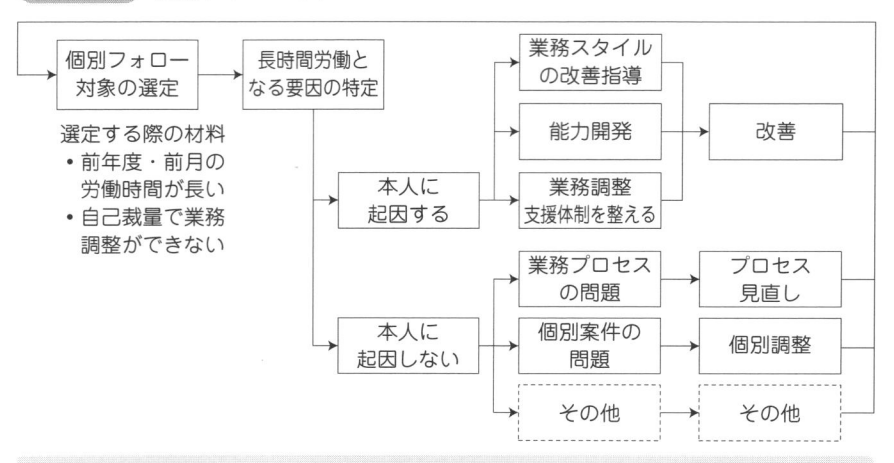

労働時間の確認→フォロー対象者の選定→要因の特定→フォロー→労働時間の確認
を，1ヵ月単位で繰り返す

ることになります。いずれも短期間で大きな変化が生まれるものではないため，毎月の労働時間の変化を定期的に確認することが必要です。

月間労働時間が一定の範囲内に安定的に収まる状態になるまでは，個別フォローを続けます。

3. 取り組みの検討・決定の場の設計

◻ 決定機関の分割

次に重要な点は，取り組みを検討し決定する場の設計です。

働き方改革の取り組みには，仕事の進め方の小さな工夫からオフィスの移転・開設や，システムインフラの再構築のような大きなものまでさまざまなものが考えられます。各組織における取り組み，組織横断の取り組み，全社の意思決定が必要な取り組みなどが混在するため，これらをその**影響範囲の大きさによって検討・決定の場を分けて設定することが望ましい**です。

取り組みを行った場合の影響が職場内で完結する取り組みについては各職場に検討・決定を委ね，スピーディーに実行します。一方で，実行する際に他部署との調整が必要だったり，全社的に影響が及ぶ可能性がある取り組みや，大きな投資や人事制度・規定の改定を必要とする取り組みについては，経営レベルで意思決定することになります。

このように検討・決定の場を分けることで，小さな取り組みはすばやく実行することができますし，各職場において自らやると決めたことを自ら実行することになりますから主体性のある活動が期待できます。

◻ 取り組み検討・決定の流れ

図表9-6は取り組みを検討・決定・実行するフローをまとめています。まず，経営レベルから大きな方針が提示されます。また，次節で述べる検討の観

図表9-6 取り組み課題の検討・決定フロー

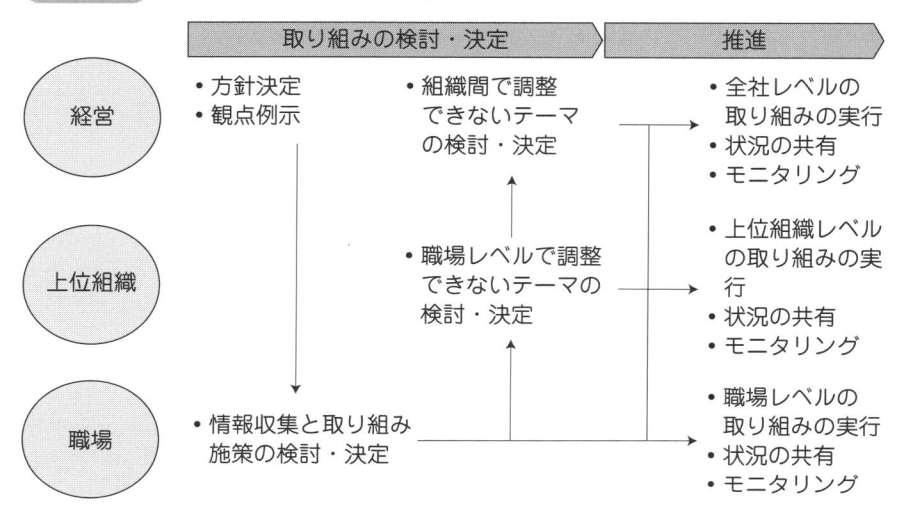

点が例示されると各職場における検討がスムーズになります。これに基づき各職場では業務や労働時間の現状分析を行い，取り組み施策を検討します。

　各職場の取り組みは上位組織に集約し，他の上位組織との調整が必要な取り組みと，自組織内で完結できる取り組みに整理します。取り組みを検討するにあたっては，他の組織との調整が必要なものが出てくることがあります。

　例えば，専門性の高いある部署では，労働時間が長くなっていますが，専門性が高いがゆえに担当者を簡単には増やすことができないとします。システム化による効率アップもすぐにはできません。そのため，専門性がそれほど必要とされない一部の業務を他部署へ移管するという案が出されたとします。当然この業務の受け手側である部署との調整が必要となりますが，関係する部署間だけでは調整することが難しい場合は，その上位組織において調整を行うことになります。

　影響範囲が自職場でとどまるものについては，上位組織にうかがいを立てる必要がありませんから，スピーディーに推進します。また，全社レベル，上位組織レベルで決定された取り組みも順次実行に移されます。

　推進フェーズでは，取り組みの状況を定期的にモニタリングし，各レベルにおいて必要に応じてアクションを採っていきます。新たな課題が発生した場合はその解決へと，検討・決定を進めます。

4. 取り組み検討の観点例の提示

◻ 視界の共通化

　最後のポイントは，取り組み課題を検討する際の観点の例示です。取り組みを検討する際のカテゴリーは大別すると，それぞれの業務固有のもの，会議やコミュニケーションやプロジェクト運営など部署や職種によらず共通したもの，そして組織風土や制度に関するものに分けられます。

　取り組み課題の検討は各職場で行いますが，検討の観点をあらかじめ例示することで検討する際の視界を共通化することができます。また**「どこまでの範囲で検討してほしいのか」の大枠を伝えることもできます。**図表9-7は取り組み検討の際の観点例を示しています。

◻ 業務固有の取り組み

　業務の見直しは，各職場・各自で担当している業務の中で，時間がかかっている業務，優先度が低い業務，IT代替により廃止できる業務がないかなどの観点をもとに確認します。そうはいっても今行っている業務はどの業務も必要があるからやっているものばかりですから，改めて必要かと担当者に問うても「それは必要です」と回答が返ってくるでしょう。

　しかし，「その資料は過剰ではないか，せめて半分の量にならないか」，「システム化できるのではないか」，「かつては重要だった施策だが，今の戦略から考えると重要性は下がっていないか」と，**検討する際の具体的な観点を示すことで，もう一歩踏み込んだ検討を促す**ことができます。

図表9-7 取り組み検討の際の観点例

	カテゴリ	観点例
業務固有の取り組み	顧客業務	• 収益性の低い案件や過度な個別対応の見直し • 顧客引き継ぎ時の過度な手間の軽減，提案や報告における過剰品質の見直し • 顧客ターゲティングの再検討
	社内業務	• 収益性の低い案件，過度に工数を要する業務の見直し • 報告・共有における過剰品質の見直し • 戦略上の重要性が低いと判断する業務の廃止や見直し • イレギュラー対応の多い業務の標準化や対応基準の見直し • IT代替が可能な業務へのシステム投資
部署を超えた共通の取り組み	他部連携	• コミュニケーション頻度や手段，内容の見直し • 連携ルールや手順の見直し
	会議運営	• 必要な会議の見直し • 会議の開催頻度や，手段，内容の見直し
	プロジェクト運営	• 戦略上の重要性が低いプロジェクトの見直し • プロジェクト運営方法の見直し
	組織風土・制度その他	• 長時間労働を促す慣習や風土の見直し • 人事・経理・コンプライアンス上の制約の見直し • 表彰制度の見直し

部署を超えた共通の取り組み

　会議運営，コミュニケーションの仕方，プロジェクト運営など部署や職種によらず共通するものも業務見直しの対象となります。単純な改廃や時間短縮ではなく，頻度や手法の見直しや，戦略上の重要性に照らして業務を見直すことが重要です。かといって安易に「やめる」「短くする」と結論づけるのではなく，観点例を示して，その必要性を改めて検討することを促します。

◻ 難しい組織風土・制度の見直し

　最後のカテゴリーは組織風土や制度です。どの企業も，どの職場も従業員には，限られた時間内で業務を終えて早く退社してほしいと考えています。このため，「長時間労働を促す慣習や風土の見直し」と問われると，これまで慣習的に行っていたことを改めて振り返ることになります。

　第5章で述べたように，フリーアドレスを導入したことで退社時間が早くなることもあります。若手従業員は「上司や先輩が残業しているのに『お先に失礼します』と言って退社するのは気が引けるが，フリーアドレスで上司や先輩の目が気にならないと気兼ねなく帰れる」ということはあるものです。上司や先輩が仕事をしているだけで，気づかないうちに長時間労働を促していることもあります。会議の終了時間が19時になっているなど，そもそも残業することが前提となっていることもあります。これまでの当たり前を振り返ることが必要なのです。

　組織風土の改革や制度の見直しは管理部門の全社スタッフの役割が大きくなります。全社スタッフである人事・経理・総務などは，これまでの当たり前を振り返り，設定しているルールについても見直します。

　全社スタッフが取り組みを検討する際には，自部署の労働時間の短縮だけではなく，全従業員の労働時間短縮につながる取り組みもあわせて検討します。各種手続きを見直し，簡略化することや，業務の電子化を検討することなどがこれに該当します。これらの取り組みは全社スタッフの労働時間を短くすることにだけではなく，全従業員の労働時間短縮へとつながります。

◻ 当社の例：SMART30と個別フォロー

労働時間短縮運動 "SMART30"

　当社での取り組みも，全員を対象にした労働時間短縮運動と，長時間労働者を対象とした個別フォローの2つの取り組みを並行して実施しています。全員

を対象とした施策は"SMART30"として展開しています。

"SMART30"とは全員を対象にした労働時間短縮運動で，1日30分の労働時間短縮に向けて全員で施策を考え，実施していこうという取り組みです。1日30分の短縮と銘打っていますが，これを機会に業務の見直しと，長時間労働を生む組織風土改革を意図しています。

労働時間短縮運動は，社員全員が当事者意識を持って明るく楽しみながら取り組むものを目指しました。SMARTは**図表9-8**が示すとおり，それぞれ「スキル向上（Skill Development）」，「マネジメントの工夫（Management）」，「広報・啓蒙（Advertisement）」，「ルールの整備・徹底（Rule）」，「テクノロジーの導入（Technology）」に由来します。これらの労働時間短縮に効果がある要素に，短縮したい30分の「30」を加えた"SMART30"を活動の名称としました。

各部署における取り組みの検討の際には**図表9-9**の検討フォーマットを用いています。ここで検討した取り組み・施策のうち，各部署において推進が可能なものはそのまま進められます。また，各部署だけでは判断できないものに

図表9-8 SMART30

SMART	労働時間短縮への施策例
Skill Development（スキル向上）	• わかりやすいメールの作成 • 端的なコミュニケーション • 適切なファシリテーションでスムーズな会議運営
Management（マネジメントの工夫）	• 業務の標準化，アサインの見直し • 不要な業務の切り分け，切り捨て
Advertisement（広報・啓蒙）	• 他部署の取り組みをデジタルサイネージで広報
Rule（ルールの整備・徹底）	• 休日（休暇中も）・深夜のメール禁止 • テレワークの拡大 • 会議ルールの徹底
Technology（テクノロジーの導入）	• 勤怠管理新ツールの検討 • 新スケジューラーの導入

図表9-9 SMART30取り組み検討フォーマット

No.	カテゴリ	年間2,300時間もしくは30分／日に向けた問題	具体的な施策	取り組み決定ボード
	以下から選択 • 顧客業務 • 社内業務 • 他部連携 • 会議運営 • プロジェクト運営 • その他			以下から選択 • 部 • 統括部 • 全社

図表9-10 社内報とグッズ

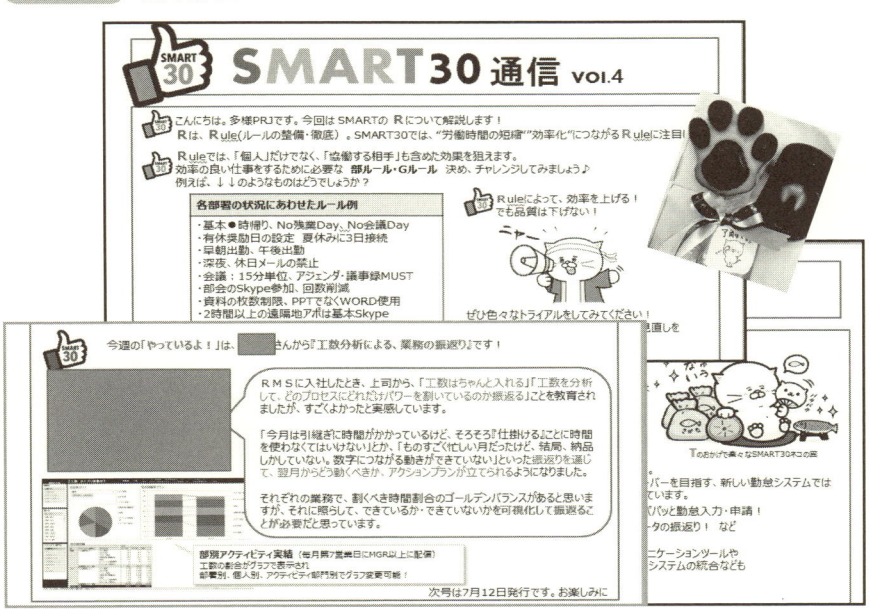

ついては上位組織において検討がなされ，実行のための調整が図られたり，投資金額や投入工数の大きさによって実行の可否が判断されます。

明るく楽しむ工夫

　当社ではSMART30を全員で明るく楽しく取り組めるように，イントラネットにおいて社内報を発行し，活動の主旨説明や，現場で進んでいる小さな取り組みを取り上げて広報しています。図表9-10で示す社内報「SMART30通信」では，1人ひとりの小さなトライをクローズアップして紹介し，その取り組みを多くの人に広げていくことを目指しています。

　生産性向上に向けて小さなトライをしている人たちを少しでも支援したいという意味から，社内報には従業員が作成した猫のキャラクターを登場させ，実践例を知らせてくれた従業員には「猫の手」グッズをプレゼントするなど，全社を巻き込むためのさまざまな工夫をしています。

長時間労働者への個別フォロー

　一方で，全社一律の施策を講じるだけでは十分に労働時間を短縮できない状況にある社員については，図表9-11に示すフォーマットにリストアップし，図表9-3に基づき個別に何が問題の要因であり，そしてそれに対してどうマネジメントするのかを決めています。

　業務アサインの見直し，業務スタイルの見直し，知識・スキルの付与など，個人ごとにていねいにフォローアップをしています。

集まった取り組み案数200件

　各部で検討した取り組み案はその数200件を超えました。大まかに分類する

図表9-11　個別フォロー対象者リストフォーマット

氏名	部署名	要因	アプローチ内容

図表9-12　各部署から出た取り組み案

Skill Development スキル向上	・会議の頻度・時間・運営の見直し ・入社導入時教育の効率化
Management マネジメントの工夫	・案件対応の基準および運用の構築 ・一定時刻以降の会議禁止 ・会議の頻度・時間・運営の見直し ・業務の役割分担・プロセスの見直し ・一定時刻での退社推奨 ・計画有休・早帰りデーの設定
Advertisement 広報・啓蒙	・情報・ナレッジ共有の工夫 ・社内報（電子）の発行
Rule ルールの整備・徹底	・ドキュメントフォーマットの基準と対象の見直し ・人事制度改定および規制緩和 ・申請・提出方法の簡略化
Technology テクノロジーの導入	・新たなコミュニケーションツールの導入検討 ・サテライトオフィスの利用促進 ・会議室予約システムの簡易化検討

と図表9-12のようになります。

　これら200件の中から，各部署だけでは判断できないものや，メールや会議のように個別の部署だけで実施するよりも横断で取り組んだほうが良いものを経営が検討・判断を行うテーマとして抽出しました。

5. 手のつけやすい対象は誰か

❏ 小さなステップから取り組む

　働き方改革は，「総論賛成，各論反対」の状況が発生しやすい取り組みです。また各部署によって事業の状況や人員の構成・状態も異なりますので，全社で旗を振ったとしても「うちの部署では当てはまらない」などそっぽを向く部署が出てくることも，おおいにありえます。

　ここで大切なのは，小さなステップから始めることで，効果を確実に出し，

出てくる問題や懸念を確認しながら修正を加え，取り組みの既成事実を積み上げていくことです。「売上げは落ちないか」「本当に働き方を変えるのは必要なのか」「リスクはどうなのか」……など，多くの問いを完全にクリアして全社に展開するのは，かなり難しいことです。そもそも，新しい試みには予想が立たないことも当然です。

　そのため，対象を絞り，影響範囲を明確にすることで対象者のニーズと具体的な対応を特定し，制度・ルールや施策に反映して実行します。そして，そこから得た知見をもとに，適用範囲を広げるという形で進めるのが効果的です。

　すぐに思いつくのは，トライアル部署を決めて取り組みを先行実施させることですが，どの部署から始めるのかを決めるのは簡単なことではありません。また，トライアル部署への依頼も丁寧に行う必要があります。結局，トライアルすること自体に時間がかかってしまったり，そもそもトライアルが実施できなかったりということが起こります。

❏ 制約がある人から始める

　その場合は，**「制約がある人」を対象にして取り組みを先行させるのが１つの有効なプロセス**です。「制約がある人」とは，具体的には，「育児，介護，本人の病気・怪我など，本人の意思によらず生じる制約により，突発的／恒常的に仕事ができなくなる・通勤が困難になる状況にある人」です。

　これらの制約は，自分ではコントロールできないものであり，たとえ前もって備えていたとしても避けられないものです。そして，制約がある人は働く時間や場所の自由度を高めない限り業務が遂行できなくなるため，働き方を変える必要性が極めて高い人たちです。そのため，制約のある人は働き方改革を進めることに前向きであり，抵抗することはあまりありません。

　また，制約のある人は特定の属性の人ばかりではありません。制約がある人から取り組みを始めることにしても，その対象者の幅は広く，その後の展開における各属性の先駆者となることが期待できます。

図表9-13 制約がある人から始めることが有効な理由

理由	背景
働き方改革の必要性が高い	・保育園の送り迎えで，出社時間が遅くなる・退社時間が早くなる・保育園や介護施設からの突発的な呼び出しがある ・遠方に住む家族の介護が必要になる ・感染症では，自宅待機が求められる ・怪我などで通勤はできないが，仕事自体は可能な場合がある
対象となる人の幅が広い	・出産，育児年齢層は，20代後半〜40代 ・介護は，40代以降が中心だが，祖父母の介護などで20代でも従事する者がいる ・怪我や病気は，どの年齢層でも起こりうる
今後該当する人が増加していくと考えられる	・今後，男性の育児参加が当たり前になっていく ・社員の年齢が上がるにつれて，介護に従事する可能性は増える ・がん治療など，医療技術の進歩により長期・通院での治療が可能となってきている
具体的な施策が検討しやすく，ゴール像も設定しやすい	・働き方を変えざるをえない場面が明確である ・どのように変化すると良いのかという状態が設定しやすい

　制約がある人は，今後増加していくことが想定されることも有効な理由の1つです。今後対象者が増えていくのであれば，先行して取り組んだことが活用される頻度も高くなると考えられます。

　さらに，対象を特定すれば，働き方を変えざるえない場面が明確となるため，具体的な施策の検討と実行が可能になります。働き方改革の取り組みでは，必ずしも数値での目標がおけずその効果をどのように測定するのかが難しいものですが，対象を特定しておけば，その対象者がどのように変化すると良いのか，という定性面での目標を具体的におくこともできます。

　図表9-13は制約がある人から働き方改革を展開することが有効な理由を示しています。

対象を特定して始めることの留意点

　ただし，制約がある人から始めることで，**働き方改革が「特別な人を対象としたケア施策だ」との認識が定着してしまうと，その後，他の対象に展開していく際の壁となってしまう可能性があります**。そのため，働き方改革の全体像をしっかりと提示し，制約がある人を対象とするのは，その第1段階のステップであることを共有していくことが重要です。

6.　インセンティブ・表彰制度の活用

表彰に込めるメッセージ

　インセンティブや表彰は，特定の行動や組織単位の業績達成を促すための施策です。インセンティブや表彰を設けることで顧客訪問数や商談数といったプロセス行動を促進したり，社内の改善活動や提案を促したりと，さまざまな形で組織を望ましい方向に動かすことが可能です。働き方改革においても同じようにインセンティブや表彰を有効に活用することができます。

　例えば，売上金額の大きさを基準にした営業表彰を行っている会社が，労働時間短縮に取り組むことにしたとします。この場合は，表彰の選定条件に労働時間の長さ（短さ）を加え，労働時間が一定の時間を超えていた場合は表彰対象から除外するといったことが考えられます。このような表彰基準にすることによって，「単に売上の多寡をみるのではなく，単位時間当たりの売上，つまり生産性を会社は重視している」という経営からのメッセージを伝えることができます。

目標管理への組み込み

　組織単位でも同じように時間の概念を組み入れてマネジメントを行うことが

できます。多くの企業では，個人ごとに毎期目標を設定しその達成状況を評価し報酬に結びつけるという目標管理制度を導入しています。個人の目標の評価基準に，求められる品質基準と当該業務にかける労働時間を加えます。目標の評価基準を，「求められる品質基準を満たし，かつ，一定の労働時間内で完了できた場合に，より高い評価をつける」と設定するのです。

◻ ノウハウ交流の仕掛け

　働き方改革を推進する上では，個人のノウハウや組織単位の取り組みを，他の人や組織に開示し，良い取り組みを他の人や組織に広げていくことが重要です。ノウハウや取り組みを開示する行動を促進するためにも，インセンティブを用いることができます。より多くのメンバーに業務改善に取り組ませたい場合は，小さな工夫やノウハウを開示できるよう，開示することに対してインセンティブを支給します。

　金銭支給や会社が費用を負担する飲食会や物品支給など，インセンティブの形式にはさまざまなものがありますが，受け取ったことが周囲にわからない金銭ではなく，なるべく全社的に目立つものを用いると効果的です。金額の大きさよりも，インセンティブを受け取ったことが周囲に伝わるようなグッズや景品を支給するほうが望ましいと言えます。

7. アンケートの実施

◻ アンケートによる取り組みの後押し

　働き方改革は，小さなトライを積み重ねて大きな動きとする，息の長い取り組みです。各施策の成果が明確になるまでには時間がかかりますし，社員の負担感の軽減のような抽象度の高い目標をおいた場合には，目に見える成果を実

感することが難しいこともあります。

　そのなかでも結果が数字で表れる労働時間短縮は成果が比較的わかりやすいものですが，取り組みの成果がすぐに実を結ぶことはあまりなく，成果が出るまでには時間がかかるのが普通です。

　生産性をあげるために業務プロセスを組み直すといった大きな取り組みを軌道に乗せるまでには時間がかかりますし，週に1回の会議の進め方を変えるといった小さな取り組みの積み重ねも，労働時間の変化として表面化するにはやはり一定の期間を要するからです。

　成果が見えないことで組織が意気消沈して取り組みが失速してしまわないようにするためには，定期的にアンケートを実施することが有効です。働き方改革の組織への浸透や実践の度合いを確認・広報し，取り組みの推進力へと変えていきます。

📖 アンケートの項目

　アンケートでは，働き方改革の背景や意義の理解が各職場において進んでいるか（方針浸透度），取り組みが実行に移されているか（実践度），効果が出ていると従業員が実感しているか（効果の実感度）を，一定の期間をおいて繰り返し聞き，その進捗度合いを確認します。**図表9-14**は方針浸透度，実践度，効果の実感度に関する質問項目の例を示しています。なお，各項目とも，そう

図表9-14　働き方改革推進度アンケート項目例

要素	項目例
方針浸透度	私の職場では，働き方改革の取り組みについての背景・意義が語られ，共有されている
実践度	私の職場では，労働時間削減や生産性向上への取り組みがなされている
効果の実感度	私の職場では，労働時間削減や生産性向上への取り組みにより効果が上がっている

思う，どちらかといえばそう思う，どちらともいえない，どちらかといえばそう思わない，そう思わない，の中から，最もよくあてはまると思う番号を選択するアンケートを想定しています。

❏ 定期的な状況把握と結果の公表

また，働き方改革や主要な取り組みが成功し効果を上げている状態をありたい状態像とし，その実現のKPIとなる項目を質問項目として設定することで推進状況や施策の効果・進捗を確認していきます。図表9-15は労働時間短縮に焦点を絞り，現状を把握するためのアンケート項目例です。アンケートでは，個人の状況だけではなく職場の状況，またマネジメントの状況についても把握

図表9-15　現状把握アンケート項目例

対象	要素	項目例
個人	意欲	私は，より短時間で仕事が完了できるように意識・工夫している
個人	優先順位	私は，業務に優先順位をつけて取り組んでいる
個人	労働時間	私は，労働時間を意識して働いている
個人	休暇・早帰り	私は，有休取得や早帰りを意識して行っている
職場	意欲	私の職場では，生産性について互いに意識・工夫し合っている
職場	優先順位	私の職場では，業務の優先順位をつけ，場合によっては取りやめや案件を断ることもある
職場	労働時間	私の職場では，労働時間を減らす努力をしている
職場	休暇・早帰り	私の職場では，有休取得や早帰りがしやすい雰囲気がある
マネジメント	業務管理	個々人の能力や状況に合わせて業務量がコントロールされている
マネジメント	時間管理	個々人の労働時間を定期的に確認し，適切な対応をとっている
マネジメント	体制構築	職場や他部署との協力・サポート関係を整えている

できるように設計するといいでしょう。

　アンケートの結果は，各職場の管理職にとって次の打ち手を考えるヒントになります。また，**定期的にアンケートを実施してその結果を従業員に公開することで，働き方改革が進んでいることをアンケート結果の変化によって全従業員に周知する**ことができます。大きな取り組みが前に進んでいることを従業員が実感できれば，成果が出るまでの長い期間を，息切れせずに乗り越えることが可能になります。取り組みの進捗は大いにアピールしましょう。

第10章
人事制度への反映

第1章　働き方改革ってなに

Part I なぜ働き方改革を行うのか （WHY）	Part II 働き方改革で何をするのか （WHAT）	Part III 働き方改革をどう進めるのか （HOW）
第2章 働き方改革の目的をおく 第3章 前提の把握	第4章 テーマの決定 第5章 働き方の自由度向上 第6章 労働時間の短縮 第7章 知の交流の促進	第8章 働き方改革の壁の乗り越え方 第9章 働き方改革を成功させる プロジェクト推進 第10章 人事制度への反映

Summary

働き方改革で導入を決定した施策は，人事制度に反映させます。既存の制度との照合や，決定した制度内容によっては多くの規程を改定することになります。人事制度改定，労使協定の締結などを行い，必要な届けを完了させるには時間がかかりますので，取り組み概要の議論と平行して制度の構築に着手すべきです。また，見落としがちですが，雇用契約書や採用時の募集要項に新施策を反映させることも必要です。

ここでは，働き方改革で導入されることが多い制度を取り上げ，内容によって異なる決めるべき項目の違いを説明し，あわせて既存の規定の確認ポイントを説明します。

1. 既存制度への反映と新制度の策定

▢ 各種制度への反映プロセス

　施策が決まったら，各種制度に内容を反映させます。

　人事制度は働く上でのルールを定めたものです。働く時間や場所はルールの中でも基本となる要素です。働く時間，すなわち所定労働時間や，裁量労働などの労働時間制が変わると，賃金や目標・評価に影響を及ぼしますし，働く場所，すなわち就業場所が変わると情報管理ルール，通勤交通費などに影響を及ぼします。

　働き方改革施策では，働く時間や働く場所を変えるため，人事制度や各種規定を改定することが必要になります。どの程度の改定が必要になるのかは，導入する施策の内容によります。既存の人事制度に新たな項目を追加する程度の改定で対応できる場合もありますし，まったく新たな制度を策定することが必要になることもあります。

　既存規定への影響範囲を確認するために，まずは導入施策の内容を洗い出すことから始めます。新施策の概要をもとに，就業場所，就業時間，給与，目標，評価などへの影響，対象範囲（全員を対象とするものか，特定の等級以上の人を対象とするものか，雇用形態により異なるのか）などを書き出します。

　次に，洗い出した項目を既存制度の項目と照合します。既存制度が適用できる，もしくは既存制度の内容に追加することで対応できる場合は既存制度に加筆し，改定の手続きを進めます。導入施策固有の項目が多い場合は，テレワーク規定，短時間勤務規定といったように，導入施策の個別規定を作成します（**図表10-1**）。

図表10-1　規定改定のステップ

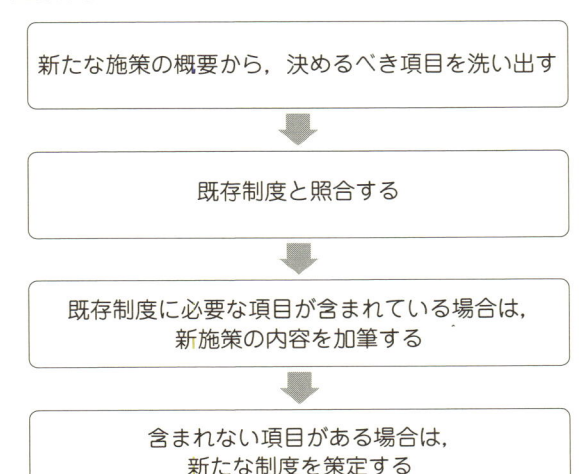

新たな施策の概要から，決めるべき項目を洗い出す

既存制度と照合する

既存制度に必要な項目が含まれている場合は，新施策の内容を加筆する

含まれない項目がある場合は，新たな制度を策定する

◻ 働き方改革施策で必要となる制度改定

　図表10-2は働き方改革で取り上げられる主な施策別に，確認・反映させるべき制度をまとめたものです。導入施策は，第1章の**図表1-4**から代表的なものを選んでいます。ここでは等級・給与・評価などの基本的な制度は既存制度のまま変更しない場合を想定した例です。

2. 規程への反映例

◻ テレワーク規程

　テレワーク制度の導入による規定改定は，**利用対象者・利用頻度などにより作成すべき制度項目が大きく変わります。**

　常に自宅で勤務する常時在宅勤務型のテレワーク制度を導入する場合や，テレワークの利用頻度に応じて給与や目標・評価の仕組みを変更する場合は，他

図表10-2　働き方施策と規定

	導入施策	確認ポイントと規定への反映
時間	フレックスタイム	• 就業規則に，「始業・終業時刻の決定をゆだねる」旨を記載する • 必要項目を労使協定で定める（後述）
	短時間勤務制度	• 詳細を短時間勤務制度規程に定め，就業規則に，「短時間勤務制度規程に基づき当会社が認めた者については，就業時間を短縮して勤務することができる」を記載する
休暇・休職	育児・介護休暇・休職の日数・期間延長	• 休暇は，就業規則に加える • 休職は，育児休職制度規定，介護休職制度規程に加える
	ボランティア休暇，自己啓発休暇，永年勤続休暇，リフレッシュ休暇など	• 新たな休暇制度として就業規則に加える
	アニバーサリー休暇など有給休暇の計画的付与	• 就業規則に「5日を超えて付与した年次有給休暇については労使協定に定める時季に計画的に取得させることとする」と記載し，詳細を労使協定で締結する • 制度利用者に手当てを支給する場合は福利厚生関連規定に加える
	留学休職制度	• 休職の種類を就業規則に加える
	育児関連費用の支給	• 福利厚生関連規定に加える
	休職中社員への教育機会提供	• 休職中に本人の希望により研修などを受講する場合，受講に伴う交通費や子どものベビーシッター代などを支給する旨を福利厚生関連規定に加える
場所	テレワーク	• 通勤交通費規定，就業規則，情報セキュリティ規定など • 利用頻度・対象範囲によって改定範囲が異なる（後述）
	サテライトオフィス	• 就業規則，情報セキュリティ規定の就業場所にサテライトオフィスを加える • 雇用契約書・就業条件通知書に加える
雇用関係	兼業・副業の緩和	• 就業規則／兼業規定に緩和内容を加える • 兼業先での労働時間申告義務を加える
	週3日勤務社員，地域限定社員など新たな雇用形態の創設	• 処遇・勤務条件などを決定し，就業規則の各項目に反映させる • 他の社員の処遇・勤務条件との違いが大きい場合は新雇用形態用の規定を作成する
	従業員提案制度	• 就業規則に著作権の帰属，報奨金規定を加える
	社外活動促進	• 就業規則／兼業規定に，兼業・副業の届出，守秘義務を加える

の従業員との差が大きくなるため，就業形態や業務内容などの細目を検討し，新たな制度に反映させる必要があります。

逆に，テレワークの利用頻度を，週に数日程度のレベルで認めるのであれば，制度を大きく変える必要はありません。「費用の負担」や「就業場所」や「情報の取扱い」など従来の就業規則にない項目を，テレワーク規程で定めることで対応が可能です。

導入施策の内容によって変えるべき規程の範囲と内容が変わる例として，通勤交通費を取り上げて説明します。

テレワークを導入すると会社に出社せず自宅で業務を行う在宅勤務が可能になります。在宅勤務の場合，会社に出社しないわけですから「通勤」行為が発生しません。このため，まったく会社に出社せず在宅勤務だけを行う常時在宅勤務の場合は，通勤交通費を支払う必要がありませんので，通勤交通費規定に常時在宅勤務者を対象外とする旨を記載します。

在宅での勤務を基本とし，月数回の出社を会社が命じるといった制度にした場合は，「通勤」は発生しますが，月数回程度ですので1ヵ月の通勤交通費の支給は行わず，オフィスで勤務するためにかかった費用を実費精算する方式が合理的です。この場合は，テレワーク規定に，通勤にかかる費用の支払方法を定めます。

逆に，会社での業務を基本とし，従業員がテレワークを利用して在宅勤務ができる日数を週の半分以下に設定している場合や，従業員が業務に合わせて利用回数を選択できる場合は，他の社員と同じように1ヵ月の定期代を通勤交通費として支払うほうが合理的ですので，通勤交通費規程を変更する必要はありません。

当社の場合は，業務を行う主たる場所をオフィスとし，自宅は補完的な位置づけとしています。このため，自宅で業務を行ってよい日数を週2日までとし，利用する／しないは本人の意思に委ねており，人によって利用頻度が異なります。このような背景から通勤交通費はテレワークの利用有無によらず，1ヵ月分の定期代を全員に支給しており，通勤交通費規程の変更は行っていません。

図表10-3　テレワーク制度策定で考慮すべき点

人事・労務管理	労働時間管理，手当て，教育機会，福利厚生など
安全衛生	作業環境，（常時在宅の場合）健康管理など
情報セキュリティ	資料持ち出し／情報漏えい防止など

　このようにテレワーク制度ひとつとってみても，誰を対象に，何を，どの範囲で行うことを認めるのかによって改定すべき制度や新たな制度で決めるべき内容が異なってきます。制度改定・策定を進める上で考慮すべき観点としては，「人事・労務管理」「安全衛生」「情報セキュリティおよび費用」があります。テレワークにおいては，常時在宅勤務のように，テレワークの利用頻度が高くなるほど，新たに決めるべき項目が増加します。

　図表10-3では，テレワーク制度を策定する際に考慮すべき点を記載しています。図表10-4では，さらに常時在宅勤務制度を導入した場合の確認ポイントを示しています。

　制度策定にあたっては，現在の就業規則内容および導入する制度内容によって決めるべき項目や内容が変わります。一般社団法人日本テレワーク協会や，テレワーク相談センター（厚生労働省委託事業）には規程の雛形や導入企業の事例などがあります。導入したい制度の概要が決まったら，上記に相談するのも1つの方法です。

図表10-4　常時在宅勤務制度を導入した場合の確認ポイント

【人事・労務管理】

項目	確認ポイント
労働時間管理	・労働時間の管理方法や労働時間制の検討 ・常時在宅勤務者も他の従業員と同じ労働時間制を適用する場合は就業規則の変更は不要
手当て	・通勤交通費の支給方法の検討 ・在宅勤務時の通信費や光熱費を手当として支給する場合は，その旨を規定に反映
教育機会	・他の従業員と比べOJTによる教育機会の減少可能性 ・在宅勤務者に対し教育機会を新たに付与する場合はその旨を規定に反映
福利厚生	・オフィス内に福利厚生施設がある場合，他の従業員と比べ福利厚生施設利用の機会減少可能性 ・代替施策を行う場合はその旨を規定に反映

【安全衛生】

項目	確認ポイント
作業環境	・自宅の就業環境が，業務遂行に適した安全な環境であることが必要 ・就業場所の広さや照明などの基準を設ける場合はその旨を規定に反映
健康管理	・1人で業務を行うことによる労働時間の長時間化や，就労時間が不規則になる危険性 ・一般の健康診断に加え，健康状態を確認する機会を新たに設けたり，産業医との面談を定期的に設定し参加を義務づける場合は，その旨を規定に反映

【情報セキュリティ】

項目	確認ポイント
情報持ち出し	・業務内容や就業環境を踏まえ，既存の情報（文書・データ）持ち出しルールを適用できるか
情報漏えい防止	・指定された端末以外の利用禁止を規定に反映 ・セキュリティ教育の受講義務を規定に反映

図表10-5　フレックスタイム制　労使協定で定める内容

対象となる従業員の範囲	全従業員を対象にしてもよいし，職種や等級により対象範囲を限定してもよい
清算期間	フレックスタイム制では，所定労働時間と実際の労働時間との過不足を１日単位でみるのではなく，清算期間（１ヵ月が一般的。起算日は給与支払い期間と合わせる）単位でみる 清算期間内の総労働時間（所定労働時間）よりも実際の労働時間が長い場合は，その時間が所定外労働時間となる
清算期間における起算日	
清算期間における 総労働時間	
標準となる１日の労働時間	
コアタイム	１日の中で必ず働かなければならない時間帯。コアタイムを設定するかどうかは任意
フレキシブルタイム	従業員が「始業」「終業」を自主的に決めてよい時間帯

❏ フレックスタイム規程

　就業規則には始業時刻と終業時刻が定められていますが，この始業時刻・就業時刻を従業員それぞれが決めてよいというのがフレックスタイム制です。フレックスタイム制を導入する際には，就業規則に「従業員の始業および終業の時刻については，従業員の自主的決定に委ねる」と記すことが必要です。その上で，フレックスタイム制度の詳細を労使協定で合意決定します。労使協定で定めるべき内容は，**図表10-5**のようになります。

　当社もフレックスタイム制を導入していますが，コアタイムは設定していません。従業員は，その日の業務に合わせて，フレキシブルタイム内で自由に出社・退社をしていますが，コアタイムがないために業務上の不都合が生じたという話はあまり聞きません。コアタイムがないと，会議や打ち合わせにメンバーがそろわないのではないかと思われるかもしれませんが，出席しなければならない会議や打ち合わせがあればその時間には出社しています。規則で縛るのではなく，業務上の必要性に応じて従業員それぞれが自律的に判断しているからです。働き方改革が進むにつれ，コアタイムを設けない企業が増えてくるのではないかと予測します。

[付記]

本書で触れている下記の点について詳しく知りたい方は，『組織を動かす経営管理』（中央経済社）で詳細を解説していますので興味に応じてご参照ください。

第5章

▶MV戦略マップ

第6章

▶会議の効率化・時間短縮と会議での議論の質の向上

▶業務活動を用いた分析を従業員満足度調査結果と組み合わせることで組織のマネジメント特徴の考察に応用

第7章

▶ナレッジマネジメントを有効に活用する工夫

おわりに

　企業で働き方改革を担当している方の多くは，次のようなことを感じておられるのではないでしょうか。

「トップのコミットがなかなか得られない」

「労働時間短縮がクローズアップされているが，それだけでいいのだろうか」

「現場の管理職は手一杯な状態。これ以上負荷をかけるのは忍びない」

「知恵を絞って施策を出したが，現場からの合意がとれない」

「施策を進めているが，現場が動いている実感が持てない」

　本書は，各社で「働き方改革」を推進している経営企画，人事，プロジェクトリーダーの方々に向けて執筆いたしました。

　私はじめ執筆者は，当社で働き方改革を推進している当事者です。私たちが悩み，考え，試行錯誤してきた内容を，働き方改革を推進している方々に向けて，心からの応援と共に贈りたく本書を執筆いたしました。

　当社は2016年度に「多様な人材を生かすマネジメントの構築と推進プロジェクト」を立ち上げ働き方改革に着手し，今も活動を進めている最中です。

　私は当社で人事を担当して10年になります。これまでにも人事制度全面改定，オフィス移転，事業統合などさまざまなプロジェクトに関わってきましたが，働き方改革はこれまでの中で最も困難なプロジェクトでした。

　本書に記したように，目的を定める段階で苦戦し，軌道に乗せるまでに多くの時間を費やしました。ようやく手応えを感じたのは，目的や重点テーマが定まり，施策の検討・決定の場を設計する段階であり，私が携わったすべてのプロジェクトと本質的な共通点を見出したときでした。

　働き方改革とは，経営と従業員が一緒になって"ありたい未来"を作り上げていく活動です。プロジェクト推進役がすべきことは，全社を巻き込んで大きな絵を描くことと，改革を進める核となる現場の管理職を支援することです。

これは，経営企画や人事が，全社に対して新たな取り組みを導入する際に行うことと全く同じです。この点に思いいたった時に初めて本プロジェクトの推進に手ごたえを感じました。

　繰り返しますが，大切なことは，目的をしっかり定め，現場を巻き込み，現場を支援し，全社を動かしていくことです。

　働き方改革は，難度が高い取り組みです。推進者はさまざまな矛盾に悩み，時に孤独を感じることもあるでしょう。私たちもまだ推進の渦中にいます。私たちも皆さんとともに，"ありたい未来"に向けてしっかり歩んでいきたいと思います。

　本書が働き方改革を推進する皆さんの助けとなることを祈っております。

　最後に，ともに奮闘してきた「多様な人材を生かすマネジメントの構築と推進プロジェクト」のメンバー，執筆協力をお願いした人事グループのメンバー，そして数々の示唆をいただいた中央経済社の市田由紀子様に御礼申し上げます。

2017年10月

立花　則子

—— 企業人事の皆さまへ ——

働き方改革は，多くの企業がノウハウを開示し互いに刺激をうけつつ協力しながら取組みを進め，大きな変化へとつなげてゆくべきものです。本書を読んでくださった企業人事の皆さんともぜひ情報交換を行いたく思います。本書へのご質問はもちろん，働き方改革を進める中での懸念や取組みをお聞かせください。(hatarakikata@recruit-ms.co.jp) 弊社ホームページに専用のページを設けました。本書でご紹介した「花びらモデル」もダウンロードできますのでご利用ください。https://www.recruit-ms.co.jp/

索　引

▶ **編著者**

立花　則子 <small>（たちばな　のりこ）</small>

株式会社リクルートマネジメントソリューションズ　経営企画部人事グループマネジャー

株式会社リクルート（現リクルートホールディングス），RECRUIT International Career Information Inc.（リクルート米国法人）エグゼクティブ・バイス・プレジデント（東京支店長）などを経て現職。一般社団法人日本テレワーク協会「2020年のワークスタイル特別研究プロジェクト」メンバー。

神戸大学文学部卒業。

執筆協力として『組織を動かす経営管理』（中央経済社）がある。

本合　暁詩 <small>（ほんごう　あかし）</small>

株式会社リクルートマネジメントソリューションズ　執行役員経営企画部長

新日本製鉄（現新日鉄住金），スターンスチュワート日本支社長などを経て現職。

立教大学，国際大学大学院などにおいて講師を兼任。慶應義塾大学法学部卒業，国際大学大学院国際経営学研究科修了（MBA）。国際基督教大学博士。

著書に，『会社のものさし―実学「読む」経営指標入門』（東洋経済新報社），『英語で学ぶコーポレートファイナンス入門』『図解　ビジネスファイナンス（第2版）』（以上，中央経済社）。共著として『日本の持続的成長企業』（東洋経済新報社）など。

▶ **執筆・編集協力**

株式会社リクルートマネジメントソリューションズ　経営企画部

大内恭美，徳田千尋，山科このみ，遊佐祥子

> **株式会社リクルートマネジメントソリューションズ**
> 「個と組織を生かす」を掲げ，企業内の人と組織に関するさまざまな課題の解決にあたっていく，リクルートグループのプロフェッショナルファーム。
> 「アセスメント」「トレーニング」「コンサルティング」を統合的に用いて，マネジメントソリューションサービスを提供しています。

組織を動かす働き方改革

■いますぐスタートできる！
　効果的な目的・施策・導入プロセス

2017年11月20日　　第1版第1刷発行
2017年12月25日　　第1版第2刷発行

編著者	立　花　則　子 本　合　暁　詩 (株)リクルートマネジメント ソリューションズ経営企画部
発行者	山　本　　　継
発行所	(株)中 央 経 済 社
発売元	(株)中央経済グループ パ ブ リ ッ シ ン グ

〒101-0051　東京都千代田区神田神保町1-31-2
　　　　　　電話　　03 (3293) 3371 (編集代表)
　　　　　　　　　　03 (3293) 3381 (営業代表)
　　　　　　http://www.chuokeizai.co.jp/
　　　　　　印刷／(株)堀 内 印 刷 所
　　　　　　製本／(有)井 上 製 本 所

©2017 Recruit Management Solutions
Co., Ltd. All Rights Reserved.
Printed in Japan